Eduard Jacobs

Heinrich Winckel und die Reformation im südlichen Niedersachsen

Eduard Jacobs

Heinrich Winckel und die Reformation im südlichen Niedersachsen

ISBN/EAN: 9783743375406

Hergestellt in Europa, USA, Kanada, Australien, Japan

Cover: Foto ©ninafisch / pixelio.de

Manufactured and distributed by brebook publishing software (www.brebook.com)

Eduard Jacobs

Heinrich Winckel und die Reformation im südlichen Niedersachsen

Nr. 53. Preis: Mk. 1,20.

Schriften
des
Vereins für Reformationsgeschichte.

Dreizehnter Jahrgang. Viertes Stück.

Heinrich Winckel

und die

Reformation im südlichen Niedersachsen.

Von

Ed. Jacobs.

Halle 1896.
In Commissionsverlag von Max Niemeyer.

Kiel,   Quakenbrück,
H. Eckardt,   Rackhorst'sche Buchhandlung,
Pfleger für Schleswig-Holstein.   Pfleger für Hannover u. Oldenburg.

Stuttgart,
G. Pregizer,
Pfleger für Württemberg.

Wir bitten unsere Mitglieder alle noch rückständigen Beiträge an die betreffenden Pfleger, beziehungsweise an unsern Schatzmeister, Herrn Dr. Max Niemeyer in Halle a. S. einzahlen zu wollen.

Der Vorstand.

Verzeichnis der noch vorhandenen Vereinsschriften.

1. Kolbe, Th., Luther und der Reichstag zu Worms 1521.
2. Kolbewey, Friedr., Heinz von Wolfenbüttel. Ein Zeitbild aus dem Jahrhundert der Reformation.
3. Stähelin, Rudolf, Hulbreich Zwingli und sein Reformationswerk. Zum vierhundertjährigen Geburtstage Zwinglis dargestellt.
4. Luther, Martin, An den christlichen Adel deutscher Nation von des christlichen Standes Besserung. Bearbeitet sowie mit Einleitung und Erläuterungen versehen von K. Benrath.
5/6. Bossert, Gust., Württemberg und Janssen. 2 Teile.
7. Walther, W., Luther im neuesten römischen Gericht. I.
12. Iken, J. F., Heinrich von Zütphen.
13. Walther, W., Luther im neuesten römischen Gericht. II.
19. Erdmann, D., Luther und seine Beziehungen zu Schlesien, insbesondere zu Breslau.
20. Vogt, W., Die Vorgeschichte des Bauernkrieges.
21. Roth, F., W. Pirkheimer. Ein Lebensbild aus dem Zeitalter des Humanismus und der Reformation.
22. Hering, H., Doktor Pomeranus, Johannes Bugenhagen. Ein Lebensbild aus der Zeit der Reformation.
23. von Schubert, H., Roms Kampf um die Weltherrschaft. Eine kirchengeschichtliche Studie.
24. Ziegler, H., Die Gegenreformation in Schlesien.

Heinrich Winckel

und die

Reformation im südlichen Niedersachsen.

Von

Ed. Jacobs.

Halle 1896.
Verein für Reformationsgeschichte.

Wir sind über den allgemeinen Verlauf der durch Luther bewirkten Kirchenerneuerung in Deutschland ziemlich gut unterrichtet. Auch an Schriften über Luthers unmittelbarste Mithelfer und Freunde fehlt es nicht. Nicht das Gleiche läßt sich von der Einführung der Reformation in einzelnen Orten und Gegenden und deren Hauptwerkzeugen sagen. Und doch ist solche Kenntnis nicht nur für den engeren Kreis der betreffenden Landschaften von Bedeutung, sie dient auch zum allgemeineren Verständnis der Reformationsgeschichte, indem sie irrige Vorstellungen von der Ausbreitung des evangelischen Bekenntnisses beseitigt und uns zeigt, unter wie mannigfachen Kämpfen und Schwierigkeiten das Evangelium sich Bahn brach, welche Müh und Arbeit es gekostet, die Saat auszustreuen und die jungen Gemeinden zu pflanzen und einzurichten.

Nicht überall ist freilich diese Arbeit des Bauens und Pflegens deutlich zu verfolgen, weil vielfach die Quellen nur unvollständig auf uns gekommen sind oder weil manche Orte und Striche sich an ein in der Nachbarschaft durchgeführtes Werk anschlossen und die Saat fast unmerklich aufging. Um so lehrreicher ist es, die Aufrichtung größerer evangelischen Kirchengemeinschaften ins Auge zu fassen, wo wir deren durch manche Kämpfe und Schwierigkeiten hindurchgegangene Bildung von geringen Anfängen an verfolgen und die Verdienste treuer, mutiger Bekenner klar aufweisen können.

Dies ist der Fall bei den binnenländischen Städten des südlichen Niedersachsens, wo ein unmittelbarer treuer Schüler Luthers und seiner wittenbergischen Mithelfer, der Wernigeröder Heinrich Winckel, teils ein Hauptbegründer, teils ein erfolgreicher Ausbreiter und Befestiger des Reformationswerks war. Sein Werk und seinen Entwickelungsgang in seinen Hauptzügen kurz zu verfolgen hat noch aus einem zweifachen Grunde ein besonderes Interesse, einmal deshalb, weil die ansehnlichen Quellen hierfür bisher noch gar nicht hinreichend benutzt waren, sodann, weil die Person Winckels eine so unantastbare und lautere ist, daß sie der großen guten Sache, der sie diente, durchaus würdig war und das Auge mit Freuden auf ihr ruht.

1. Winckel in Halberstadt.

Die Winckel erscheinen zuerst vor etwas über einem halben Jahrtausend als eine mäßig begüterte kleinbürgerliche und bäuerliche Familie vor dem nördlichen Harze zu Oschersleben, Halberstadt und Wernigerode, in letzterer Stadt seit Anfang des 15. Jahrhunderts. So wenig wir im Allgemeinen von ihr wissen, eine ernste religiöse Richtung im Sinne der spätmittelalterlichen Kirche tritt bei Manns= und Weibssprossen kräftig ausgesprochen in ihr hervor. Im 15. Jahrhundert begegnet zu Halberstadt ein Dietrich Winckel unter den dem Werke der Barmherzigkeit an Kranken und Verstorbenen sich widmenden Zellenbrüdern oder Alexianern, eine Grete W. als Nonne im Predigerkloster S. Nikolai, Johann W. aus Wernigerode, Bruder des obengenannten Dietrich in Halberstadt, als Prior der Dominikaner oder Pauler daselbst. Ebenso treten die mit den Wernigerödischen aufs nächste verbundenen Winckel in Halberstadt gleich ihren unmittelbar am Harze wohnenden Vettern durch Stiftungen zum Heil ihrer Seelen beim Kapitel zu Wernigerode und beim Johanniskloster und großen Siechenhof zu Halberstadt hervor.

So gehörte denn die Familie zum grünen Holz der Kirche, und auch Johann Winckel, des uns beschäftigenden Heinrichs Vater, zeigt in dem wenigen, was wir von ihm wissen, dieses kirchlich frommen Geistes Spuren. Als er im Jahre 1519 sein Ende nahe fühlt, bestellt er sein Haus und stiftet ein Seelgerät beim Kapitel zu Wernigerode. Aber auch im Johanniskloster zu Halberstadt wird sein Gedächtnis feierlich begangen.

Heinrich, in dessen Gedächtnis der treue Vater später im Segen fortlebte, scheint unter mehreren Geschwistern der jüngste gewesen zu sein. Er wurde im Jahre 1493 geboren. Von seiner früheren Jugenderziehung vernehmen wir nichts. Schon 1507, also als vierzehnjähriger Knabe, begann er seine klösterliche Laufbahn; der Vater kaufte ihn mit 130 Gulden, seinem ganzen Erbteil, bei den Augustiner-Chorherren zu S. Johannis vor Halberstadt ein, wo er eigenen Besitz haben konnte und nach dem ausdrücklichen Vertrage des Vaters mit dem Convent auch haben sollte. Diese Stiftung war ums Jahr 1025 durch den von Kaiser Heinrich II. eingesetzten Bischof Branthog als weltliches Kloster gegründet und gegen 1120 von Bischof Reinhard in ein Stift regulierter Augustiner-Chorherren umgewandelt. Durch mancherlei Zuwendungen, besonders von seiten der Bischöfe, zu ansehnlichem Besitz gelangt, diente sie erfolgreich kirchlichen Zwecken durch Bestellung von Kirchen und Pfarren und durch die Predigt. Für die Reformationsgeschichte in Halberstadt kommt sehr wesentlich in Betracht, daß den Chorherren schon seit dem 12. Jahrhundert Predigt und Seelsorge in der Stadt- oder Kaufmannskirche zu S. Martini in der Hauptstadt des Bistums anvertraut und diese Kirche seit 1311 dem Kloster einverleibt war. Der Magistrat hat hiergegen wiederholt kräftig Verwahrung eingelegt und 1465 endlich soviel erreicht, daß ihm das Kirchlehn oder die Pfarrbestellung endgiltig zuerkannt wurde, doch sollten die Pfarrer aus dem Johanniskloster genommen werden. Es ist in den bislang unzulänglichen Schriften über das Kloster immer wieder von der Schule in demselben geredet worden, und daß es darin an einer gewissen schulmäßigen Unterweisung nicht fehlen durfte, brachte die der Stiftung obliegende Vorbildung wenigstens eines Teils der Brüder zum Predigerberuf mit sich. Ueber eine besondere Bedeutung dieser Schule, die ja nach dem wechselnden Blühen und Abnehmen des geistigen Lebens innerhalb der Stiftung geschwankt haben wird, lassen die bis jetzt vorliegenden Quellen kein Urteil zu.

Als Winckel im Jahre 1507 zu S. Johannis eintrat, herrschten dort jedenfalls geordnete Zustände, da erst 13 Jahre vorher eine jener unter dem Namen „Reformation" bekannten Erneuerungen der äußeren Disziplin durchgeführt war. Der frische Jüngling fühlte sich in den neuen Verhältnissen recht wohl. Die in denselben zu leistenden Arbeiten verrichtete er mit unverdrossenem Eifer. Ihn sah man unter den ersten, wenn es galt zu Chore zu gehen oder das Kapitel zu besuchen, aber auch bei den gemeinsamen wirtschaftlichen Aufgaben zuzugreifen: Weinstöcke zu geizen, Most zu pressen, den Garten zu graben, Kohl, Bohnen, Erbsen zu pflanzen, Bier auf Fässer zu ziehen. Aber freilich, sobald solche körperlichen Verrichtungen gethan waren, dann war der Novize und Bruder Heinrich allzeit in seiner Zelle über den Büchern lesend und schreibend zu finden. Und da er bei solchem Thun und Treiben immer zuthulich und bescheiden war, so gewann er sich die allgemeine Liebe seiner Mitbrüder.

Aber sein unermüdliches Studieren blieb auch nicht ohne Frucht, und jedenfalls auf Anempfehlung des Propstes bestimmten die Väter des Ordens den strebsamen und begabten 18 jährigen Bruder zum akademischen Studium. Im Sommer 1511 bezog er die Universität Leipzig. Wie lange sein dortiges Studium dauerte, wissen wir nicht; nur dies bezeugt er selbst, daß er nach der Rückkehr von der Universität alsbald seine Brüder im Kloster in dem unterwies, was er draußen gelernt hatte. Wir können daraus einigermaßen einen Schluß auf die Art und Weise thun, in der im Kloster unterrichtet wurde. Zu einer höheren Bedeutung sollte aber die Schule zu S. Johannis erst gedeihen, als die Sonne der von Wittenberg ausgegangenen Kirchenerneuerung ihre hellen erwärmenden Strahlen auch auf die alte Stiftung der Augustiner entsandte.

Vorläufig hören wir jedoch von dem Bruder Heinrich Winckel nichts, vielmehr ist es der in der Kirchengeschichte Niedersachsens wohl bekannte, in Leipzig zum Doktor der Theologie beförderte Propst Eberhard Widensee (Weidensee), der zuerst als entschiedener Anhänger der Reformation die Aufmerksamkeit auf sich und das Kloster lenkt. Gegen 1517 zu dieser Würde befördert, scheint er nicht sofort, nachdem der neue helle Ton des alten Evangeliums von Wittenberg aus zu erklingen begann, öffentlich in denselben eingestimmt zu haben, da im Jahre 1519 eine Seelgerätsstiftung unter seinem und des Klosters Namen das alte Wesen noch un=gebrochen zeigt. Aber danach hat es dann nicht mehr lange gedauert, bis er durch die ums Jahr 1520 ins Kloster gedrungenen kleinen Lutherschen Schriften ganz für dessen Werk gewonnen wurde. Und alsbald suchte er auch die gewonnene Erkenntnis zu verbreiten und darauf weiter zu bauen, was bei der großen,

dem ansehnlichen Kloster für Predigt und Lehre zugewiesenen Aufgabe eine Sache von Bedeutung war. Das wichtigste und folgenreichste aber, was der geistig regsame Propst unternahm, war die Einrichtung einer reformatorischen Schule im Johannis=
kloster: Im Jahre 1522 nahm er einen Pariser Doktor von der Sorbonne, den Franzosen Antonius Felix darin auf, der um seines evangelischen Bekenntnisses willen hatte fliehen müssen. Dieser lehrte nun im Kloster die Anfangsgründe des Griechischen und Hebräischen und las einige Briefe des Paulus. Der andere Lehrer, denn von weiteren hören wir nicht, war der Propst selbst, der den Psalter hebräisch las und ihn bis zum 15. Psalm auslegte. Kaum war diese Schule gegründet, so verbreitete sich der Ruf davon auch in der Nachbarschaft, und es fanden sich eifrige Hörer aus Städten wie Magdeburg, Braunschweig, Goslar herzu; vor= nehme Leute vertrauten ihre Kinder mit ihren Hofmeistern der Schule zur Unterweisung und Erziehung an. Wir haben es hier mit einer Erscheinung ganz besonderer Art zu thun, denn in den höchstens 2 Jahren, während welcher die Anstalt ungestört bestand, hätte sie ohne das Zusammenwirken besonderer Zeitumstände unmöglich die Bedeutung erlangen können, die sie wirklich gewann. Aber da sie einem dringenden Bedürfnis jener Tage entsprach, so sammelte sich in Widensees Klosterschule eine ansehnliche Zahl empfänglicher, innerlich für die Reformation bereits gewonnener Geister, die ihre Studien und ihre innere religiöse Entwicklung im Kloster zu den Füßen zweier geistig hervorragenden Lehrer durch die damals noch wenig verbreiteten Auslegungen der heiligen Schriften in den Grundsprachen zu einem gewissen Abschluß brachten.

Es handelte sich hierbei offenbar nicht bloß um die Aneignung einer gewissen Summe schulmäßig erworbener grammatischer Kennt= nisse, sondern um die im geistigen Gedankenaustausch gewonnene Befestigung in der reformatorischen Erkenntnis. So predigten denn schon im Jahre 1521, also unmittelbar vor Eröffnung der kleinen Akademie, die Kapläne Johann Wissel und Heinrich Gesserdes, ersterer ein Braunschweiger, letzterer ein Helmstedter von Geburt, vom Propst dazu bestellt, zu S. Martini im biblisch=reformatorischen Sinne. Wenn wir in der alten Bischofsstadt die reformatorischen

Bestrebungen so schnell und mächtig vordringen sehen, so können wir uns das nur erklären aus den bösen Zuständen, aus denen sie sich erhoben, und aus der moralischen Stütze, die dadurch die Reformation gewann. Wir sind freilich hierbei vorzugsweise auf das gleichzeitige Zeugnis eines Bekenners der Reformation, Johann Winnigstedt, gewiesen, aber dieses erscheint in sich selbst so besonnen und stimmt so sehr mit bekannten gleichzeitigen Erscheinungen an anderen Orten, daß wir wohl berechtigt sind, ihm Glauben zu schenken. Winnigstedt sagt, es sei in allen Landen „ruchtbar", daß keine Stadt im ganzen Sachsenlande wäre, da mehr Unzucht, Ehebruch, Hurerei und andere Laster und Schande im Schwange gingen, als zu Halberstadt, darum, daß sich die Geistlichen des weltlichen Gerichtes unterstehen, die doch den Ehestand verachten und aller Untugend voll sind, einen ehrbaren Rat aber für nichts achten. Jedenfalls wurden Rat und Innungsmeister, besorgt um die öffentliche Sittlichkeit in der Stadt, wider diese Uebelstände vorstellig und drangen, wie an andern Orten, zunächst auf Abschaffung der privilegierten Unzucht. Mit welchen kirchlichen Gegnern man es in Halberstadt zu thun hatte, zeigt doch die niederträchtige verbrecherische Weise, in welcher der Titularbischof Heinrich von Alfon den Doktor der Theologie Valentin Mustaeus, dessen später Luther sich annahm, entmannen und seine theologischen Bücher in eine Kloake werfen ließ, ohne daß wir von einer Ahndung solchen Frevels durch seine kirchlichen Oberen etwas hörten. Aber die Macht des wohl organisierten Halberstädter Kirchenstaats war eine zu große, als daß vorläufig in den sittlichen Zuständen eine Wandlung und der Reformation eine freie Bahn hätte geschafft werden können. Die Geistlichkeit nahm dem Rat seine Vorstellungen als einen Eingriff in ihre Rechte sehr übel. Männer wie Wissel und Gesserdes wurden abgesetzt und mußten weichen, Widensees Schule wurde gegen Ende 1523 geschlossen, er selbst wegen Verführung von Ordenspersonen zur Reformation angeklagt und schließlich zur Flucht nach Magdeburg veranlaßt.

So schien das geistliche Streben zu S. Johannis ganz gedämpft und das Verlangen der Evangelischen nach einem Prediger ihres Bekenntnisses zunächst ein hoffnungsloses. Dennoch glomm das Feuer evangelischer Ueberzeugung noch in einzelnen Mitgliedern des Augustinerkonvents im Stillen fort, auch sollten eben von diesem aus infolge unerwartet eintretender Zeitverhältnisse wenigstens auf kurze Zeit die Wünsche der Halberstädter Reformationsverwandten in Erfüllung gehen. Als die öffentlich als Anhänger der Reformation hervorgetretenen Mitglieder des S. Johanniskonvents einer nach dem andern das Kloster verlassen hatten, war unter den der Kirchenerneuerung zugewandten Zurückbleibenden der merkwürdigste Heinrich Winckel. Daß wir von ihm, der 1523 doch schon sein dreißigstes Lebensjahr beschloß, bisher nichts hörten, ist aus seinem besonderen Wesen zu erklären. Er, der sich auch später niemals um eine Anstellung beworben hat, hatte in aller Stille einen inneren gründlichen Entwickelungsgang durchgemacht. Ungemein freundlich und bei seinem fleißig gesammelten Wissen durchaus bescheiden, bewahrte er sich die Liebe seiner Mitbrüder, die den Befähigten wider seinen Willen zu ihrem Prior erkoren. Er hat selbst bezeugt, daß er als Bruder im Kloster heftiges Verlangen getragen habe, Luther zu sehen und zu hören. Es wurden auch wohl die Fragen, die durch Luthers Reformation unter die Geister geworfen waren, innerhalb der Klostermauern unter den Brüdern lebhaft verhandelt. Da trat denn Winckel beispielsweise sehr entschieden zugunsten der Ehefreiheit für jedermann auf, nicht ohne den Vorzug keuscher Ehe sehr deutlich dem unreinen Cölibat der Priester und Mönche gegenüberzustellen. Wie dürfen nicht zweifeln, daß solche Erörterungen damals vielfach in den Konventen gepflogen wurden und daß mancher der an sein Gewissen pochenden Wahrheit innerlich beipflichtete, ohne doch durch Lösung der klösterlichen Bande sein Bekenntnis offen zu besiegeln. Winckel legte ein solches Bekenntnis ab, sobald seine Berufung ihm dazu die Veranlassung gab.

Die Gelegenheit hierzu fand sich ziemlich bald, nämlich zur Zeit der Bauernunruhen. Als diese zu Ende des Jahres 1524 und besonders im Frühjahr 1525 auch einen Teil der Bürgerschaft in ihre Kreise zogen, verließen manche von den Altkirchlichen, aus Furcht vor dem „schwarzen Haufen" und da sie wegen ihrer rohen Unterdrückung der Reformation ein schlechtes Gewissen hatten, wie der erwähnte Weihbischof Heinrich von Affon, aber auch Winckels Landsmann, der milde menschenfreundliche Offizial Heinrich Horn, die Stadt. Um nun aber diese nicht den Einflüssen verderblicher Demagogen oder schwärmerischer Prädikanten preiszugeben, willfahrten die erzbischöflichen Räte gern dem Wunsche des reformatorisch gesinnten Rats, indem sie den von diesem hierzu erbetenen Prior zu S. Johannis als Pfarrer an der Stadt- oder Marktkirche zu S. Martini bestätigten, weil er nicht nur seiner Geistesgaben, sondern auch seiner großen Milde und Friedensliebe wegen bekannt war. Und man sah sich darin nicht getäuscht. Winckels schlichte volkstümliche Predigt bewährte sich als Friedensbotschaft sowohl im tiefsten religiösen als im gesellschaftlich-bürgerlichen Sinne. Da der Rat wohl erkannte, worum es sich handelte, so unterstützte er eifrigst des geliebten Pfarrers Bemühen um die Erhaltung des Friedens und der Ordnung. Ein Jahr später erinnert er den Kardinal Albrecht daran, wie Winckel das Wort Gottes bei ihnen christlich, lieblich, herzlich gepredigt, das Volk in der Aufruhrszeit aus einem sachtmütigen Geiste und Herzen, treulicher Liebe und Wohlmeinung zu Nutz ihrer Seelen Seligkeit und zur Liebe Gottes und des Nächsten, zum Gehorsam gegen die Obrigkeit, Frieden und Einigkeit geführt, gewiesen und gelehrt und sie mit seufzendem Herzen gebeten habe, sich christlich und liebevoll gegen jedermann zu bezeigen. Sie seien seinem christlichen Mahnworte sämtlich gefolgt und hätten in dieser Predigt ein Genügen gefunden, auch habe Winckel ihnen durch seinen ehrbaren christlichen Wandel ein gutes Vorbild gegeben. Diesem schönen Zeugnisse aus der Gemeinde entspricht auch Winckels Verhalten gegen seine Pfarrkinder. In der kurzen Zeit, die ihm für sein pfarramtliches Wirken vergönnt war, hat er die Leute so lieb gewonnen, daß er als Ausgewiesener aus der Ferne sich nach seiner Nachbarschaft und Gesinde erkundigt und alle, die seiner gedenken, grüßen läßt.

Auch dem bischöflichen Regimente entging ein solcher segensreicher Einfluß des echt volkstümlichen Predigers nicht, und gern hätte man ihn behalten oder noch höher befördert, wenn er sich nur in der Lehre ganz dem römischen Bekenntnisse angeschlossen hätte. Aber der Mann, der seiner Gemeinde den Oelzweig des Friedens brachte und sie mit der Lindigkeit des Evangeliums erquickte, war allzeit bereit, wo es sich um die Verteidigung der erkannten Schriftwahrheit handelte, ein so scharfes Schwert zu führen, daß der oberflächliche Beobachter in dem kühnen Streiter kaum den milden und demütigen Friedensboten wieder erkennt. Nun hätte man, zumal da Kardinal Albrecht selbst eine Zeitlang als Humanist und Erasmianer eine mittlere Stellung einnahm, Winckel in seiner Predigt bis zu einer gewissen Grenze gern gewähren lassen, wie auch dieser sich hinsichtlich solcher kirchlichen Formen, an denen sein evangelischer Glaube keinen Anstoß nahm, willig und weitherzig fügte. Da er aber in der Kernfrage von der Messe, dem römischen Altarsakrament, seine evangelische Ueberzeugung nicht verleugnen konnte, so war ein Konflikt mit der kirchlichen Oberbehörde unvermeidlich. Kardinal Albrecht ließ, um ihn zu halten, Winckel durch seine Räte das Zugeständnis machen, daß er nur an Sonn- und Feiertagen Messe halten solle, dann, als er sich dessen weigerte, ihm diese Pflicht nur für die hohen Festtage auferlegen, endlich, da er sich auch dazu nicht verstand, ließ er sich bereit erklären, den offenbar sehr geschätzten Mann in seinem Amte zu lassen, wenn er wenigstens einmal im Jahre das Meßopfer darbringe. Auch darauf konnte Winckel nicht eingehen. Wäre es ihm gewissenshalber möglich, eine einzige Messe zu halten, so könne er auch tausend halten, erklärte er den Räten, während er dem Kardinal seine Weigerung in einem ausführlichen Schreiben begründete. Seinen Mitchorherren gegenüber hat er sich nicht lange darnach vernehmen lassen, er wolle sich gern in allem möglichen die Gnade und Gunst seines Fürsten, des Kardinals, verdienen, es sei ihm aber unmöglich, gegen das Wort Gottes irgend einem Menschen zu gehorsamen. „Zu allem möglichen lasse ich mich bestimmen, aber zur römischen Messe wird mich niemand wieder bringen." Wohl weiß er, daß er durch ein so offenes Bekenntnis alle Brücken zerstört, über die er noch den Weg zu einer Beförderung in der römischen Kirche finden könnte, aber „verflucht" ruft er aus „sei der Gewinn, der die Seele von der Gemeinschaft mit Christo trennt."

Gar bald bekam er die zunächst bittere Frucht solcher Standhaftigkeit zu schmecken: sein Pfarramt wurde ihm genommen, und als er nun ins Kloster zurückkehren wollte, litt man ihn dort nicht. Es wird erzählt, daß, als er beim Kloster ankam, die Chorherren alle Eingänge vor ihm verschlossen und auf die Frage, weshalb das geschehe, geantwortet hätten, weil er ein Lutheraner sei. Es wäre dann im engsten Wortsinn zu verstehen, wenn er den Mitchorherren zu S. Johannis später erklärt, weil er nicht habe Messe lesen wollen, sei er von ihrem Konvente ausgeschlossen worden.[1]) Das war nun aber ein ebenso unbrüderliches wie ungesetzliches Verfahren, denn Winckel war von seinem Vater nicht nur aus geistlichen Beweggründen, sondern auch um dem Sohne einen Lebensunterhalt zu gewähren, durch eine Summe, die sein ganzes Erbteil ausmachte, vertragsmäßig dem Kloster übergeben und in dasselbe eingekauft worden. Er hatte sich um dasselbe durch unverdrossene Arbeit verdient gemacht und sich musterhaft gehalten. Er fand auch leicht wohlgesinnte Männer, die ihm beim Propst und Konvent zu seinem Rechte zu verhelfen suchten. Aber wie mancher hat mit Winckel die Erfahrung gemacht, daß in solchen Fällen Kirchen und Klöster kein Recht gewähren. Es sei dieses Geld durch Winckels Studium und des Vaters Gedächtnisfeier aufgegangen, erklärte man jetzt einfach der an das Kloster gestellten Rechtsforderung gegenüber.

Trotz ihrer offenbaren Feindseligkeit wollten die Chorherren doch gern die Ursache der Verstoßung in andern suchen: „Du hast den Satrapen nicht gefallen" — sie meinen die erzbischöflichen Räte damit — „deshalb mußtest du weichen", erklärten sie dem ausgeschlossenen Bruder. Da es nun aber doch nicht so ohne Weiteres anging, jede Verpflichtung gegen das bei ihnen eingekaufte Konventsglied abzulehnen, so fanden sie eine schnöde Auskunft, bei der sie meinten, ihr oder sein Geld behalten zu können: Winckel wurde scheinbar nicht ausgeschlossen, blieb Chorherr, es wurde ihm nur ein dimissorium, ein Wanderbrief, zunächst auf ein Jahr erteilt, aber das Zehrgeld, das man ihm mitgab, belief sich noch nicht auf einen Gulden. Man meinte, er könne ja, wie einst der Apostel Paulus, sein Brod durch der Hände Arbeit verdienen.

So traurig zunächst die Lage des Ausgewiesenen und thatsächlich Enterbten schien, zweierlei war ihm geblieben: sein gutes Gewissen und die Liebe der Gemeindeglieder, die er in so kurzer

Zeit gewonnen hatte. Gab ihm das erstere eine große Freudig=
keit, so gewährte ihm die Anhänglichkeit der evangelischen Freunde
die nötigsten Mittel für seinen Unterhalt. Freilich waren diese
Spenden anfangs etwas knapp, so daß Winckel sagt, seine Kon=
ventsbrüder möchten wohl von der Wahrheit nicht weit abirren,
wenn sie meinten, er habe zuweilen kaum das trockene Brod zu
essen. Bald jedoch erschien ihm das Los, das ihm auf so außer=
ordentliche Weise zugefallen war, als ein geradezu erwünschtes.
Wohin er seine Schritte von Halberstadt aus lenken würde,
konnte kaum zweifelhaft sein. Hatte ihn doch längst verlangt,
Luther sehen und hören zu können. Ihn und seine Hauptmit=
arbeiter zu hören und von ihnen zu lernen eilte er jetzt nach Witten=
berg. Wenn uns von einem zuverlässigen Zeugen berichtet wird,
daß gerade Melanchthon ihn besonders geschätzt und von ihm ge=
schrieben habe, so ist das bei Winckels bescheidenem friedlichen
Wesen und bei seinem Wissensdurst sehr leicht zu verstehen. Daß
für ihn aber Luther doch in erster Linie der Stern war, der ihn
in seine Kreise zog, hat er selbst wiederholt bezeugt.

Von Wittenberg aus giebt er im Dezember 1525 und im
Februar des nächsten Jahres seinen ehemaligen Mitchorherren
Zeugnis von dem Glück, dessen er genieße. Bei einem vergleichen=
den Blick auf sein Leben im Kloster stellt er sein mönchisches
Noviziatsjahr, wo er, durch Jugend und Unwissenheit verführt,
seinen Herrn täglich kreuzigte, mit dem Wittenberger Noviziate
zusammen, das ihn froh und glücklich mache. Das Wort, um
dessentwillen er Verbannung leidet, ist seine Wonne. Es ist ein
Quell, der ins ewige Leben fließt. Wer aus diesem Quell ge=
trunken habe, den könne es in ihrem Kloster nicht leiden. „O daß
ihr doch von diesem Quell trinken wolltet, der aber nur denen
dargeboten wird, die da dürstet. Dieser ist das A und O, An=
fang und Ende. Man bringt zu diesem Quell durch das Studium
der Ursprachen Heiliger Schrift, des Hebräischen und Griechischen,
denn darin ist der Kern der Schrift verborgen und wer ihn da
nicht sucht, der sucht ihn vergebens in trüben Lachen." Was er
sich in Wittenberg zunächst aneignen und daselbst lernen will, ist
die Führung des evangelischen Pfarramts, die rechte Kunst, den
Gemeinden die geistige Nahrung darzureichen.

Vorläufig nahm er nicht nur sein Recht als Mitglied des Halberstädter Augustinerconvents, sondern auch als gewählter und bestätigter Pfarrer zu St. Martini in Anspruch. Ebenso wollten die Halberstädter nicht von ihm lassen, und als der Kardinal im Jahre 1526 dem Rat die Wahl eines Predigers gestattete, der nicht aufrührerisch wäre, sondern das Wort Gottes einfältig und rein vortrüge, schöpften sie die Hoffnung, ihren Winckel wieder berufen zu können. Sie ließen ihn schon im Frühling nach Halberstadt kommen und stellten ihm in einem Schreiben an den Kardinal Albrecht ein wahrhaft rührendes Zeugnis aus, worin das Lob Winckels wetteifert mit den Beweisen der Liebe, mit der die Halberstädter an ihm hingen. Wenn sie freilich den eigentlichen Anstoß, um dessentwillen ihr Seelsorger hatte weichen müssen, damit glaubten beseitigen zu können, daß sie angaben, Winckel habe in Leipzig eine andere Ansicht von der Messe gewonnen, so war das nicht zutreffend.

Daher war aber auch an eine Wiederbestellung nicht zu denken. An seiner Stelle wurde ein jüngerer Bruder des St. Johannisklosters, Johannes Winnigstedt, als Pfarrer zu St. Martini bestellt. Er war nicht so entschieden in seinen reformatorischen Ueberzeugungen, wie sein Vorgänger, aber doch tief davon berührt. Da nun Winckel die Sache des Evangeliums und seiner zurückgelassenen Gemeinde am Herzen lag, so ermahnte er Winnigstedt dringend, treu bei der Wahrheit zu bleiben und dem Irrtum mutig und entschieden entgegen zu treten. Er selbst werde das ebenfalls thun, sobald es ihm vergönnt sei, sein Amt wieder anzutreten. Aber wenn er auf der einen Seite mit Feuereifer dem römischen Irrtum und Schaugepränge entgegentritt, so ermahnt er mit gleicher Innigkeit den Bruder, ja nicht seine Lust am Streiten zu haben, vielmehr über der Abwehr des Irrtums das Weiden der anbefohlenen Herde nicht zu vergessen. Dann gedenkt er noch besonders des Altarsakraments: „Die Messe halte in solcher Gestalt (nämlich der evangelischen Abendmahlsfeier), daß du deren Frucht nicht verlierest und zeige den andern — nämlich denen, die das Sakrament verkehrt, als römisches Meßopfer feiern — welche Gefahren und Lästerungen darin enthalten seien, damit du nicht samt dir selbst auch andere ins Verderben stürzest." So vorsichtig aber Winnigstedt auch auftrat, seine innerste Ueberzeugung vor der Oeffentlichkeit verbarg und zuerst das heilige Abendmahl nur heimlich denen, die es begehrten, auf evangelische Weise spendete, so folgte er doch nachher der ernsten Mahnung seines älteren Bruders, mußte dann aber auch, wie dieser, sein Amt aufgeben und sah sich endlich zur Flucht aus Halberstadt veranlaßt.

2. Braunschweig.

Während nun in Halberstadt durch die Gewaltmittel des alten Kirchenstaats die Reformation auf eine längere Reihe von Jahren unterdrückt wurde, gelangte sie zu Braunschweig, der binnenländischen Hauptstadt Niedersachsens, zum vollen Siege. Die Anfänge reichen auch hier in die ersten zwanziger Jahre zurück. An der Spitze der geistigen Bewegung steht die Gestalt des würdigen Benediktinerbruders Gottschalk Kruse, der einen ähnlichen inneren Entwickelungsgang wie Luther erfuhr und trotz mannigfacher Hinderungen doch fruchtbaren Samen der evangelischen Lehre ausstreute und bald einzelne wackere Männer, wie einen Heinrich Lampe, zu Nachfolgern hatte. Eine völlige Durchführung der Reformation verhinderten aber nicht nur die verschiedenen geistlichen Körperschaften und der durchaus reformationsfeindliche Landesherr Heinrich der Jüngere, dem verschiedene Stifter und Klöster in der Stadt unterstanden, sondern auch die Mehrheit des Rats, der in der Durchführung der Reformation eine Schmälerung seiner Vorrechte befürchtete und längere Zeit eine Vereinigung und Beschlußfassung der Gesamtgemeinde zu verhindern wußte.

Endlich hatte diese, geleitet von einem ebenso frommen als geschickten Bürger Autor Sander, gegen den Buchstaben der Stadtverfassung ohne Genehmigung des Rats, anfangs 1528 doch gemeinsame Versammlungen gehalten und Artikel aufgestellt, welche die Durchführung der Reformation und die Berufung eines tüchtigen und gelehrten auswärtigen Geistlichen zum Ordner und Leiter des gesamten Kirchenwesens bezweckten.

Der Erkorene war nun aber kein anderer, als Heinrich Winckel. Daß man diesen in Braunschweig genauer kannte, ist bei der mäßigen Entfernung der Stadt, bei den mancherlei Berührungen, die er mit Braunschweigern gehabt hatte, und bei dem engen Zu=

zusammenhalten, das unter den vielfach bedrängten Bekennern der Reformation stattfand, nicht zu verwundern. Jedenfalls war es eine Ehre für ihn, daß man ihm ein so wichtiges und schwieriges Amt anzuvertrauen gedachte. Es bedurfte dann noch einer ernst= lichen, auf Sanders Betreiben geschehenen Anregung, bis der Rat sich entschloß, eine Gesandtschaft abzuordnen, um sich Winckel für das ihm zugedachte Amt zu erbitten. So begab sich denn im Februar der Stadtsekretär Johann Alshausen mit Autor Sander nach Halberstadt, um mit dem dortigen Rate zu verhandeln, während gleich hinterher der zur altkirchlichen Partei gehörige Sekretär Prüsse unmittelbar nach Jena ging, um mit Winckel selbst, der sich in jenen Tagen mit der dorthin übergesiedelten Wittenberger Universität hier befand, in Verhandlung zu treten. Gern ließen die Halberstädter ihren geliebten und verehrten Prediger, den sie jahrelang unterstützt und den sie durch eine Art Vertrag gebunden hatten, nicht los. Da aber die Ausbreitung des Evange= liums eine gemeinsame Sache war und — worauf Sander nach= drücklich hinzuweisen nicht unterlassen haben wird — eine so wirksame Kraft auf ungewisse Frist ganz brach lag, so entsprachen sie dem Wunsche Braunschweigs so weit, daß sie ihnen Winckel zunächst auf kürzere Frist überließen. Mit ihm selbst verständigten sie sich aber schon jetzt oder bald danach dahin, daß er sich aus= wärts niemals auf eine feste Bestallung einlassen, sondern nur auf solche Weise dienen dürfe, daß er spätestens innerhalb eines Vierteljahrs als ihr Prediger nach Halberstadt zurückkehren könne.

In ganz anderer Gesinnung als Alsleben und Sander mit den Halberstädtern verhandelte Prüsse in Jena mit Winckel. Er machte ihn mit der auf ihn gefallenen Wahl der Braunschweiger bekannt, gab ihm aber von den dortigen Zuständen einen möglichst unvorteilhaften Begriff, um ihm entweder das Amt ganz zu ver= leiden oder doch das Vertrauen zu seinen zukünftigen Amtsbrüdern zu nehmen. Abschrecken ließ sich Winckel nicht, aber als er — absichtlich bei einem entschieden altkirchlichen Parteimann in Her= berge gebracht — in Braunschweig angekommen war, suchte man ihn einesteils durch überhäufte Aufmerksamkeiten und Auszeich= nungen für die Altkirchlichen einzunehmen, während man ihm anderseits die Prädikanten durch verleumderische Anschwärzungen zu verleiden suchte. Den Erfolg, den man sich davon versprochen, hatten freilich diese unredlichen Mittelchen nicht, aber die geistlichen Amtsbrüder merkten aus gewissen Andeutungen doch, daß ihr Haupt gegen sie eingenommen sei. Doch dieses Mißverständnis dauerte nicht lange: es kam bald zu einer offenen Aussprache zwischen Winckel und seinen Amtsbrüdern, und durch die gemachte Erfahrung gewitzigt, konnte er hinfort um so besser künftigen Mißverständnissen vorbeugen.

Nachdem er am 1. März zu S. Martini seine erste Predigt vor einer dicht gedrängten Zuhörerschaft gehalten hatte, verkündigte er fortan das Wort an Sonn= und Wochentagen abwechselnd in allen Pfarrkirchen der Stadt mit reichem Segen und zu großer Befriedigung seiner zahlreichen Hörer. Sein festes Bekenntnis und seine bei reichem Wissen doch schlichte, volkstümliche Predigt gewann ihm bald die Gemüter. Die ihm nachgerühmte angenehme Aussprache trug auch das ihrige zum Erfolge seiner Arbeit bei. Nehmen wir noch hinzu, daß er wegen seiner Gelehrsamkeit eine ihm amtlich übertragene Lehrthätigkeit an der Schule in lateinischer Sprache versah, auch bei zweifelhaften Lehrfragen gründlich Bescheid zu geben wußte, so schien Winckel ganz der Mann zu sein, dessen man zur Oberleitung eines so großen Kirchenwesens bedurfte. Unter gewöhnlichen Verhältnissen wäre er dies in der That auch gewesen, aber in solchen lebte man damals in Braunschweig nicht. Ueber mancherlei Fragen, besonders hinsichtlich des äußeren Brauchs, war noch kein allgemeines Einverständnis erzielt und nicht alle Prädikanten zeigten hierbei die nötige Willigkeit. Von altkirchlichem, der Reformation nicht angemessenem Wesen war hie und da noch manches übrig geblieben und das evangelische Bekenntnis selbst war in Deutschland noch nicht in einer allgemeingültigen Gestalt zur Anerkennung gelangt.

Um unter so außerordentlichen Verhältnissen eine feste Ordnung zu schaffen, dazu bedurfte es einer maßgebenden Persönlichkeit mit besonderem organisatorischen Geschick und durchgreifender That= kraft. Für eine solche hielt man nun den bescheidenen und milden Winckel nicht, und da dieser die Notwendigkeit eines durchgreifenden organisatorischen Werks sehr wohl erkannte, so war er selbst sehr da= mit einverstanden, daß man für ein solches den energischen Freund

Luthers Dr. Bugenhagen erkor. Dieser ließ sich auch dazu bereit finden und erhielt Luthers Zustimmung. Am 20. Mai 1528 wurde er zu S. Andreas von Winckel und der übrigen Stadtgeistlichkeit unter Gebet und Handauflegen zu seinem wichtigen Werke berufen und bestätigt. Von Winckel an seinem Teile nach Kräften unterstützt, brachte der Wittenberger Reformator dasselbe in der vortrefflichen Braunschweigischen Kirchenordnung in ungemein kurzer Zeit bis Ende August zum Abschluß. Allgemein war der Wunsch, daß Bugenhagen entweder auf Lebenszeit oder doch möglichst lange als Superintendent in Braunschweig bleiben möge. Daneben wünschte man Winckel als gelehrten Coadjutor oder nötigenfalls Vertreter des Superintendenten bestellt zu sehen. Es brauchte das kaum erst ausgesprochen zu werden, aber als Zeichen der besonderen Zuneigung und des Vertrauens, dessen er genoß, ist es doch bemerkenswert, daß in den von Gilden und Gemeinheiten eingesandten Gutachten die Schmiede ausdrücklich fordern, daß Winckel dem Dr. Pommer als Coadjutor beigegeben und ehrlich besoldet werde.

So geschah es denn auch zu Winckels großer Befriedigung: er hatte den Superintendenten zu unterstützen, und wöchentlich zwei oder drei lateinische Lektionen in der Schule zu lesen. Mit dem ersteren soll dessen Helfer die zu bestellenden Prediger verhören und auf ihre Befähigung hin prüfen. Für die Predigt ist ihm zunächst das Paulskloster anbefohlen, doch soll er auch nach Wunsch und Bedürfnis in andern Kirchen das Wort verkündigen. Nachdem nun am 6. September mit freudiger allgemeiner Beteiligung der Abschluß der Kirchenordnung und damit des Braunschweigischen Reformationswerks gefeiert war, dann um die Wende der Monate September und Oktober Bugenhagen die Stadt verlassen hatte, ohne das Amt eines Superintendenten übernommen zu haben, trat abermals die Frage an die Stadt heran, ob Winckel, wozu er ja von Anfang an bestimmt gewesen war, Superintendent oder nur dessen Helfer werden solle. Bugenhagen, der ihn von Wittenberg her kennen mußte und ihn jetzt aufs Neue schätzen gelernt hatte, war für ihn, aber Luther zog den ihm näher bekannten Mag. Martin Görlitz aus Torgau für die Stelle der obersten Leitung vor, und Winckel, weit entfernt, darüber empfindlich zu sein, sah in diesem Wunsche Luthers, des Propheten der letzten Weltzeit, eine göttliche Entscheidung und fügte sich willig. Kurz vor seinem Weggange führte noch Bugenhagen selbst den neuen Superintendenten in sein Amt ein. Winckel aber versah hinfort mit diesem in nie gestörter innigster Eintracht sein arbeitsreiches Coadjutoramt. Wie innig das persönliche Verhältnis der beiden einander innerlich verwandten Persönlichkeiten war, bewährte sich noch nach dem Weggange von Görlitz, der mit Winckel und andern Braunschweiger Geistlichen bis an sein Ende einen herzlichen Briefwechsel unterhielt.

Da Görlitz sich ebensowenig wie Winckel bei Lehrabweichungen zu durchgreifenden Maßregeln entschließen konnte, so entstand eine große Verlegenheit, als bereits im Jahre 1529 durch die Prediger Knigge und Schweinefuß zu S. Ulrich wiedertäuferische und Zwinglische Lehren verkündigt wurden. Da war es denn ein Glück, daß Bugenhagen auf seiner Rückkehr von Hamburg vom 6. Mai bis 20. Juni sich sechs Wochen in Braunschweig aufzuhalten veranlaßt sah. Nachdem er wider die abweichende Lehre gepredigt, lud er die genannten Geistlichen zu einer öffentlichen Disputation auf dem Neustadtrathause vor und als sie auch hier von ihrem Irrtum nicht abzubringen waren, wurden sie ihres Amtes entsetzt und ausgewiesen. Und als darnach dennoch wieder die Prediger Dume und Hoier zu S. Andreas sich dem Zwinglianismus zuwandten, suchten Görlitz und Winckel durch gemeinsame vierzehntägige Besprechungen das Band der Eintracht und gleichen Gesinnung unter den Amtsbrüdern zu befestigen. Sie erreichten zwar nicht sofort ganz ihre Absicht, aber durch die allgemeine Anerkennung und Festsetzung des reformatorischen Bekenntnisses in der Augsburgischen Konfession und den Einfluß, den dies auf die bisher schwankende Haltung des Rats ausübte, wurde das lutherische Kirchenwesen in der Stadt befestigt. Görlitz und Winckel veröffentlichten dann samt den mit ihnen zusammenstehenden Predigern im Jahre 1531 ein eigenes Bekenntnis der Braunschweiger Kirche über das Sakrament des heiligen Abendmahls, das 1532, und aufs Neue 1536 im Druck erschien. Der Prediger Dume, der sich nicht fügen wollte, wurde seines Amts entsetzt, Hoier und Kaufmann, die auf seiner Seite gestanden hatten, veranlaßte man zum Widerruf ihrer Ansichten. So wurde denn die Einigkeit innerhalb der Braunschweiger Kirche hergestellt.

3. Göttingen.

Winckel würde sich schon ein unvergeßliches Ehrengedächtnis in der Reformationsgeschichte gestiftet haben, wenn er, wie er es denn wirklich that, abgesehen von seinen Verdiensten um Halberstadt, bis ans Ende getreu seines schweren und umfassenden Lehr- und Predigtamts in Braunschweig gewartet hätte. Aber dem treuen Friedensboten, der ja den Braunschweigern nur leihweise und auf Kündigung überlassen war, wurden noch dreimal besondere wichtige kirchliche Sendungen anvertraut.

Die erste dieser außerordentlichen Aufgaben sollte er in Göttingen erfüllen. Diese Stadt nahm unter ihren niedersächsischen Schwestern eine angesehene Stellung ein. Die entscheidende Bedeutung beim Regiment hatte der altbürgerliche bevorrechtete Rat, neben dem die gemeine Bürgerschaft sowohl als der Landesherr, damals Herzog Erich von Calenberg-Grubenhagen, nicht viel zu bedeuten hatte. Da nun wie gewöhnlich der schlichte gemeine Mann, besonders der Handwerker, die Gedanken der Reformation leichter und freudiger aufnahm, als die durch politische Erwägungen gebundenen Ratsherren und Altbürger, so war nicht zu erwarten, daß man der evangelischen Lehre ohne alle Kämpfe in der Stadt Raum verstatten würde. Aeußerlich bemerkbar wurden hier die Anhänger der Reformation erst im Jahre 1529. Als damals um Bartholomäi zur Vertreibung der Seuche des sogenannten Englischen Schweißes von der Stadt, Bürgermeister und Rat an der Spitze, ein feierlicher Bittgang veranstaltet wurde, von dem man sich ebensoviel Erfolg versprach, wie von Wallfahrten nach den gefeiertsten Orten in Rom und Spanien, begleiteten die Reformationsgesinnten — besonders waren es Tuchmacher — den Bittgesang der Priester durch Anstimmen des Lutherliedes: „Aus tiefer Not schrei ich zu dir" und das lateinische Te Deum mit dem deutschen „Herr Gott dich loben wir." Bald nahm die Zahl der Evangelischen zu und keine Bedrohungen und Maßnahmen des Rats, kaiserlicher und landesfürstlicher Mandate vermochten die Bewegung mehr zu unterdrücken. Im Gegenteil fand das Evangelium auch bei

angesehenen Ratsfamilien Eingang und es bildeten sich zwei
Parteien, die einander die Wage hielten, bis am 21. Oktober von
den Bekennern der neuen Lehre deren Zulassung erreicht war. Als
man jedoch bei diesem wichtigen Ziel eben angelangt war, suchte
die zum größten Teil dem Handwerkerstande angehörige Mehrheit
die augenblickliche Gunst der Lage auch zur Erreichung bürgerlicher
Freiheiten zu benutzen. Wirklich gelang dies, ohne daß der Rat
selbst angetastet wurde.

Bei diesen Erfolgen hätte es sein Bewenden haben müssen,
aber der Prädikant Hüventhal, ein ehemaliger Dominikaner von
Rostock, in welchem die Evangelischen einen Leiter gefunden hatten,
war von den so überraschend schnell erzielten Früchten der Bewegung
so berauscht, daß er die von ihm beherrschte Menge zu übermütigem
Gebahren und zu thörichten Forderungen hinriß. Es kam zu bilder=
stürmerischen Thätlichkeiten, und die Wogen der Volksleidenschaft
gingen so hoch, daß sie einen allgemeinen Zusammenbruch der
schützenden Dämme bürgerlicher Ordnung befürchten ließen. Kurz
bevor es zur äußersten Gefahr kam, hatte sich der Rat an die
Bundesstadt Braunschweig gewandt. Schon die vielfach korrigierte
und geänderte Gestalt, in der der Entwurf dieses Schreibens noch
heute vorliegt, veranschaulicht in merkwürdiger Weise die Aufregung
des Augenblicks, in welchem die Ratsherren von dem Bruderorte
sich einen tüchtigen Mann erbitten, der durch seine Friedenspredigt
die aufgeregte Menge stillen und zur Ordnung zurückführen könnte.
Und nun ist es sehr merkwürdig, daß dieser dringende Wunsch
nicht in allgemeiner Gestalt ausgedrückt, vielmehr nur auf die
Person Winckels gerichtet ist, von dem die Göttinger gehört haben,
daß er nicht zum Aufruhr und zur Zerstörung der Klöster oder
kirchlichen Gebräuche predige, vielmehr das Volk mit dem reinen
Gotteswort zur Erlangung der Seligkeit zu speisen beflissen sei.
Wahrlich, ein köstlicher Ruf, der von des bescheidenen Mannes
Thun und Streben in so kurzen Jahren durch die Lande erklungen
war und sich in Halberstadt wie in Braunschweig aufs schönste
bewährt hatte! Und gar bald sollte man erfahren, daß man sich
in Winckel nicht getäuscht hatte. Es wird berichtet, daß er in der
Kirche selbst dem Hüventhal, als dieser bei Auslegung der dritten
Bitte auf bestimmte angesehene Personen der Stadt mit ausdrücklicher

Nennung der Namen aufreizend hinwies, in die Rede gefallen sei und
darauf hingewiesen habe, es heiße nicht Gottes Evangelium predigen,
wenn man die Leute auf der Kanzel öffentlich mit Namen ausschreie
und lästere, das heiße vielmehr Mord und Blutvergießen anrichten.
Jedenfalls spiegelt sich in dieser alten Ueberlieferung der Ein=
druck wieder, der sofort von Winckels Wirksamkeit ausging, der eben
so mutig wie friedliebend dem rasenden Renner der erregten Volks=
leidenschaft in den Zügel griff, ihn mit der Kraft des evangelischen
Friedenswortes zum Stehen brachte und endlich vollständig die Herr=
schaft über ihn gewann. So konnte denn schon am 10. Dezember
Hüventhal, der Schützling der Menge, ohne Aufregung ausgewiesen
werden. Da nun bald auch alle die Elemente, die an Hüventhals
Gebahren Anstoß genommen hatten, durch Winckels Wort und
Weise gewonnen und der Reformation zugeführt wurden, so läßt
sich's wohl verstehen, daß der Rat einen solchen Mann nicht nach
einem Monat, auf welche Frist er nur von den Braunschweigern
beurlaubt war, wieder wollte ziehen lassen. Sie baten dieselben,
sie möchten ihnen den Prediger wenigstens bis Ostern überlassen.
Der Braunschweiger Rat wies darauf hin, daß es für sie schon
kein geringes Opfer sei, wenn sie durch diese Verleihung bei
ihrem Gottesdienst manchen Stillstand erlitten hätten; aber bis
anfangs Februar wollten sie sich dennoch gedulden. Wohl gelang
es dann den Göttingern mit Luthers und anderer Theologen Hülfe
einige andere Prediger zu bekommen. Dennoch konnte und mochte
man Winckel nicht entbehren, und auf wiederholte Bitten gestand
Braunschweig um der guten Sache willen seinen Coadjutor bis
Ostern, endlich bis Anfang Mai zu. Als auch diese Frist über=
schritten wurde, schrieb Winckel selbst auf des Göttinger Rats
Wunsch einen Entschuldigungsbrief nach Braunschweig. Man ließ
die Entschuldigung gelten, drang aber in den Coadjutor, sich nun=
mehr unverzüglich zur Rückkehr aufzumachen. Dennoch erfolgte
diese nach halbjähriger Abwesenheit erst am 30. Mai 1530. Mit
allen Ehren geleiteten die Göttinger ihren teuren Freund heim,
und zwar auf der besorgten Braunschweiger Ansuchen mit be=
waffneter Bedeckung, da es dem so entschiedenen Manne nicht an
Feinden (quadgunner) fehlte, von denen man einen Anschlag auf
sein Leben befürchtete.

Mit ihren wiederholten Bitten und dem Ueberschreiten des gewährten Urlaubs hatten die Göttinger die Gebuld ihrer Schwester=
stadt auf zu harte Proben gestellt, um nach der endlichen Rück=
kehr nochmals um Ueberlassung des Predigers bitten zu können.
Da sie aber doch nicht von ihm lassen mochten, so wandten sie sich nochmals unmittelbar an Winckel selbst und ließen ihn mündlich durch ihre Boten und schriftlich bitten, doch zu ihnen auf Lebenszeit gegen gute Besoldung zurückzukehren, sie seien eines gelehrten und in göttlicher Schrift wohlerfahrenen Mannes so sehr bedürftig, der sie und die Ihrigen in den gegenwärtigen gefährlichen Zeiten im Wege zur Seligkeit unterweise. Als zu einem solchen hätten sie zu ihm das größte Zutrauen. Aber in einem ausführlichen, zugleich von seiner seelsorgerischen Treue und Anhänglichkeit zeugenden Schreiben sah W. sich genötigt, diesen ehrenvollen Ruf abzulehnen (23. Sept. 1530). Der Brief ist in Halberstadt geschrieben, wo er sich auf den Ruf des dortigen Rats und seiner treuen ehemaligen Pfarrkinder eingestellt hatte, als diese um die Zeit des Augsburger Reichstags wieder die Hoffnung nährten, es könne unter den da=
maligen für die Evangelischen günstigen Verhältnissen auch für sie der Tag erscheinen, an dem ihnen Bekenntnisfreiheit gewährt würde, eine Hoffnung die freilich wieder zerrann, um erst zehn Jahre später erfüllt zu werden. Winckel schrieb seinen lieben Göttingern, er sei in der Frage, um die es sich handle, nicht sein eigen, viel=
mehr seinen Halberstädtern durch Vertrag verpflichtet. Er ruft dann den Göttingern ein herzliches Wort der Mahnung und des Friedens zu: sie möchten den unendlichen Wert des Gotteswortes und des ewigen Friedens niemals vergessen. Ohne Zweifel ist Winckel nebst dem erst etliche Monate später eingetretenen Prediger Winter als der anzusehen, der den Grund zur Reformation in Göttingen legte. Auch die Braunschweiger Kirchenordnung gelangte als Muster der Göttingischen durch ihn dahin, wenn auch die Aus=
arbeitung derselben durch andere Hände geschah und der Druck unter Luthers Augen erst 1531 zu Wittenberg erfolgte.

4. Hannover.

War die Kirche zu Göttingen die erste, die durch Winckel nach dem Vorbild der Braunschweiger eingerichtet wurde, so bot sich bald weitere Gelegenheit, daß er auch bei der Einrichtung anderer Kirchen behilflich sein konnte. In wenigstens einem Falle, von dem wir wissen, geschah dies, ohne daß die Braunschweiger ihren so schwer zu entbehrenden Coadjutor nach auswärts zu versenden brauchten, nämlich bei der westfälisch-lippischen Stadt Lemgo. Hier war Moritz Piderit, vorher römisch-katholischer Priester, für das evangelische Bekenntnis gewonnen worden. Als aber Glesiker, durch den dies geschehen war, sich nach Bremen zurückbegab und die evangelische Gemeinde zu Lemgo Piderit zu ihrem Prediger erwählte, wünschte dieser in einer hervorragenden evangelischen Stadt über die rechte Gestalt des Gottesdienstes, den Katechismusunterricht und die Verwaltung von Tauf- und Altarsakrament, belehrt zu werden. Daher sandte ihn der Rat anfangs 1533 im Geleite eines Ratsherrn nach Braunschweig, wo Görlitz und Winckel sich seiner annahmen, viele Tage hindurch sich eingehend mit ihm besprachen und ihm in allem, was zum evangelischen Pfarramt gehört, sorgfältige Anleitung gaben. Mit Empfehlungsschreiben dieser beiden Lehrer und Bischöfe — doctorum et episcoporum wie Hamelmann sich ausdrückt — kehrte Piderit zurück und führte nun auch in Lemgo die kirchlichen Ordnungen Braunschweigs ein.

Nicht so leicht, aber um so bedeutsamer, war das Werk, das Winckel noch in demselben Jahre wieder außerhalb Braunschweigs, in Hannover, auszurichten hatte. In dieser ansehnlichen nach damaligen Verhältnissen auch ziemlich volkreichen Stadt walteten ganz ähnliche Hoheits-, Rechts- und gesellschaftliche Verhältnisse, wie in Göttingen, nur daß der allein mit Altbürgern besetzte Rat in der größeren Stadt auch eine größere Bedeutung hatte. So würden wir es denn schon vorauszusetzen haben, wenn urkundliche Zeugnisse es nicht bestätigten, daß auch hier anfänglich bei den Gewerken und der weiteren Gemeinde die Gedanken und Lehren der Reformation willigeren und früheren Eingang fanden, als in den bevorrechteten Ratskreisen. Die ersten Spuren von einer Einwirkung der Wittenberger Lehre auf einzelne Kreise in der Stadt finden wir in den Maßregeln der gegen die Reformation eingenommenen Herzogin Katharina und in Verordnungen des Rats aus den Jahren 1523 und 1524 gegen das Lesen und die Zulassung lutherischer Schriften und besonders gegen deren Verbreitung durch die Buchführer.

Acht Jahre lang gelang es dem Rat und den herrschenden Geschlechtern, das Verlangen der Reformationsfreunde nach evangelischer Predigt zu unterdrücken, teils durch Gewalt, teils dadurch, daß sie eine Berufung der Gesamtgemeinde, deren man bei wichtigeren neuen Beschlüssen bedurfte, zu vermeiden wußten. Als dies endlich am 16. August 1532 wegen der beabsichtigten Niederlegung der Kapelle U. L. Frauen vor dem Egidienthore geschehen mußte, wurde dies auch der Anlaß, daß der Reformation eine Gasse gebahnt wurde. Die versammelte Bürgerschaft: sämtliche Aemter, Aelterleute und Werkmeister mit der Gemeinheit wählten nämlich zu ihren bisherigen Vertretern noch vierundzwanzig aus der Gemeinde hinzu und legten dem Rat in dreißig von ihnen aufgestellten Artikeln ihre Beschwerden zur sofortigen Bewilligung vor. Unter diesen Artikeln war der alles beherrschende die Forderung der Predigt des reinen Gotteswortes, eine Forderung, betreffs deren bei allen Beteiligten die vollste Einmütigkeit herrschte. Am nächsten Tage erreichten die Bürger die Gestattung des Singens deutscher Psalmen in Häusern und Gassen, doch noch nicht in den Kirchen. Sodann gelobte der Rat der Gemeinde, wegen der unter ihnen angefangenen Zweiung Herren, Fürsten, Räte oder Städte nicht anzugehen, eine Zusage, der jedoch der Rat durch Botschaft an Herzog Erich, an den doch besonders dabei gedacht war, alsbald zuwider handelte. Die freie evangelische Predigt wollte der Rat nicht zulassen, sagte aber endlich zu, sich bis Michaelis nach geeigneten Predigern umzusehen. Als nun am 15. April 1533 der Herzog, vom Rat veranlaßt, in die Stadt eingezogen und es zwischen ihm und den Bürgern zu einem Vertrage gekommen war, wurde in diesen durch den agitatorischen Stadtschreiber Fining gegen die Meinung der Bürgerschaft die Bestimmung aufgenommen, daß man sich verpflichtete, bei den alten Kirchengebräuchen bis zu einem künftigen Konzil stille zu stehen, während die Meinung gewesen war, man wolle damit nur eine Zeit lang, etwa drei bis vier Wochen, warten.

Zu der durch solche Fälschung erzeugten Verstimmung kam dann die durch gegenseitige Befehdung altkirchlicher und reformatorischer Lehrer erzeugte Aufregung; doch versprachen noch am 26. Juni die Bürger, weitere vier Wochen mit der Reformation

stille zu halten. Im Juni wird dann statt des einen Artikels von der Predigt des reinen Gotteswortes bestimmter eine dreifache Forderung aufgestellt: nach dem Abendmahl unter beiderlei Gestalt, der Taufe in deutscher Sprache und der Gestattung der Ehe für jedermann. Hiergegen trat nun der Herzog auf, da diese Forderung vermeintlich der vorjährigen Abmachung zuwider laufe, und wurde dabei von seinem reformationsfeindlichen Vetter Herzog Heinrich d. J. von Braunschweig unterstützt. Drohte dadurch der jungen Gemeinde gewaltsame Unterdrückung, so wuchs bei dieser inzwischen das Verlangen nach evangelischer Predigt, das auch von der Nachbar=
stadt Braunschweig und dessen Predigern, darunter Winkel, genährt wurde. In einer allgemeinen Zusammenkunft am 20. August gelobten die Bürger, wegen der anerkannten Wahrheit treulich bei einander leben und sterben zu wollen. Da einer solchen Ein=
tracht gegenüber der Rat seinen Willen nicht behaupten konnte, so begaben sich zwischen dem 14. und 16. September erst der Bürgermeister und der Stadtsekretär Fining, dann die meisten Ratsherren und Geschworenen sowie ein Teil der altkirchlichen Geistlichen und ihrer Anhänger teils offen teils heimlich aus der Stadt und nach dem durch weltliches und kirchliches Regiment streng gegen die Reformation abgeschlossenen Hildesheim. Sie beschickten die fürstlichen Gegner der Reformation und erhielten von diesen so bedrohliche Briefe gegen ihre Vaterstadt, daß sie dieselben nicht dahin zurückzubringen wagten.

Dieses Entweichen der gesetzlichen Obrigkeit brachte über die Stadt eine große Gefahr zunächst im Inneren. Denn beim Mangel der berechtigten Organe zur Bestrafung der Frevler traten die niederen Leidenschaften der schlimmsten Kreise offen zutage, so daß vorübergehend ein fast gesetzloser Zustand herrschte. Von außen aber wurde die Stadt von den Fürsten bedroht, denen die Klagen der Ausgetretenen einen Anlaß zu gewaltsamem Einschreiten boten. Solchen Gefahren gegenüber ist es nun zu bewundern, wie die Bürger nicht nur bei der anerkannten Wahrheit fest und mutig beharrten, sondern wie sich bei ihnen auch schnell eine neue Obrigkeit herausbildete, die den Ausschreitungen einen festen Damm entgegensetzte. Ganz besonders erfreulich ist die Beobachtung, wie neben dem evangelischen Herzog Ernst von Braunschweig=Lüneburg namentlich die evangelischen Städte Niedersachsens, an ihrer Spitze Braunschweig, dann Göttingen, Goslar, Einbeck, Magdeburg die gefährdete Schwesterstadt berieten, sie zur Ordnung und zur Verständigung mit dem entwichenen Rat und dem Herzog Erich aufforderten und dazu ihre Dienste anboten. Als anerkanntes Haupt der niedersächsischen Binnenstädte übernahm Braunschweig die Leitung dieser Bestrebungen. Braunschweig war es denn auch, an welches sich zuerst, schon am 16. September, Gildemeister und Vierundzwanzig zu Hannover mit der herzlichen Bitte wandten, sie treulich zu beraten und sie in ihrer Not, in die sie des Worts Gottes wegen geraten seien, nicht zu verlassen. Als nun in einer Versammlung der Bundesstädte in Braunschweig die Bedrängten ermahnt wurden, fest bei den oben erwähnten drei Artikeln zu bleiben und der Obrigkeit zu gehorsamen, da erkannten es die Leiter der Stadt für dringend notwendig, sowohl einen tüchtigen, frommen, des Rechts und der Feder mächtigen Mann als juristischen Anwalt, als einen tiefgegründeten friedliebenden Geistlichen für die Predigt und die Ordnung der geistlichen Angelegenheiten zu gewinnen. Da das letztere Bedürfnis als das dringendere erschien, so hatte sich das neue Stadtregiment schon im September um tüchtige Prediger an Braunschweig gewandt und dieses hatte auch um der Dringlichkeit willen bereits um Michaelis abermals den Coadjutor Winckel nach der Nachbarstadt entsandt, diesmal mit ihm dessen Amtsbruder Andreas Hoier, Pastor an der S. Ulrichskirche. Aber auch der rechte Mann für die städtische Anwaltschaft wurde in dem uns bereits als Freund Winckels bekannten Autor Sander gewonnen, einem ebenso guten Christen als Juristen. Er nahm auf etliche Jahre das Amt eines Syndikus der Stadt Hannover an, obwohl er, da ihm eben seine Gattin gestorben war, viel mit der Sorge für seine kleinen Kinder zu thun hatte. Wir werden kaum fehl gehen, wenn wir annehmen, daß Winckel, der vor Sander nach Hannover kam, dieser Stadt seinen trefflichen Freund empfahl. Jedenfalls war das Zusammenwirken beider Männer vom größten segensreichsten Erfolge. Durch Sanders Geschick und Gediegenheit kamen bald die Verhandlungen mit den Fürsten wie mit dem hinausgezogenen Rat in den besten Gang. Auf seinen Rat, als der rechten Hand und des Vertrauensmanns der vorläufigen Stadtobrigkeit, geschah es jedenfalls, daß zwischen dem 24. und 26. April 1534 Aelterleute, Werkmeister, die Zwanzig aus der Gemeinde und zwölf Personen aus den drei Kirchspielen von der Gesamtgemeinde ermächtigt wurden, einen neuen Rat zu wählen, wie es denn auch geschah. Da es heißt, Sander sei schon am 24. April als Syndikus angenommen, so ist das vielleicht so zu verstehen, daß die Gesamtgemeinde schon gleich beim Beginn der Wahl eines neuen Rats den Syndikus vorauswählte, für den es ja an einer andern geeigneten Person fehlte.

Während so unter dem Syndikat seines Freundes ein neuer Rat gewählt wurde, predigte Winckel mit seinem Amtsbruder Hoier alle Tage abwechselnd in den drei Pfarrkirchen der Stadt, zum heiligen Kreuze, zu St. Georgen und zu St. Egidien. Beide Geistliche erwarben sich bald das Zutrauen der Gemeinden, und bereits am 29. Dezember 1533 bat das damalige Stadtregiment ihre Freunde in Braunschweig, ihnen dieselben auf Lebenszeit zu überlassen. Um Winckel aber war es ihnen dabei besonders zu thun. Bei seiner gründlichen Gelahrtheit, seinem freundlichen gewinnenden Wesen und seiner Erfahrung wollte man ihn zum Superintendenten und zum Prediger von St. Crucis bestellen, Hoier zu St. Georg, der Stadtkirche. Als Superintendent schien Winckel sich schon darum zu empfehlen, weil kaum einer die in Sachsen mustergültige Braunschweiger Kirchenordnung so genau kannte, wie er. Die Hannoveraner sagen selbst, daß er ihnen bei Aufrichtung einer an das Muster von Braunschweig sich an= lehnenden besonderen Ordnung half; er teilte ihnen zu diesem Behufe auch ein Exemplar der ersteren mit.

An eine dauernde Ueberlassung beider Männer war natürlich nicht zu denken; weil aber den Braunschweigern sehr an dem rechten Ausbau und einer friedlichen Entwickelung der Reformation in der Nachbarschaft gelegen war, so behalfen sie sich noch fast fünf Monate, da sie, wie sie sich ausdrückten, bedächten, wie sehr der Stadt Hannover bei den für sie gefährlichen Zeitläuften an tüchtigen Predigern gelegen sei. Auch diese Frist wurde noch einmal ver= längert, so daß Winckel und Hoier erst am 6. September nach fast einjähriger Abwesenheit ihr Amt in Braunschweig wieder antraten.

Diese Verlängerung der Frist war, wenn auch nur auf ein

halbes Jahr, ähnlich bei Göttingen geschehen. Aber noch etwas anderes sollte sich nach Winckels Abgange in ganz ähnlicher Weise wie dort wiederholen. Gleich den Göttingern konnte auch der Rat zu Hannover, nachdem der äußerste Zeitpunkt für die Ueberlassung Winckels abgelaufen war, die Braunschweiger Nachbarn nicht nochmals um Ueberlassung ihres Coadjutors bitten. Da suchten sie sich denn einen besonderen Umstand zu nutze zu machen. Zu denen, die sich der bedrängten Hannoveraner annahmen, gehörte auch Luthers feuriger Freund Nikolaus v. Amsdorf, damals in Magdeburg. Er hatte an die Stadt einen Trostbrief gerichtet, auch einen Magister Theodor als geeigneten Prediger gewonnen und ihnen empfohlen. Sie sagen in ihrem Antwortschreiben dem ihnen zugethanen Theologen für seine Dienste herzlichen Dank, zeigen sich auch an und für sich freudig bereit, den ihnen empfohlenen gelehrten Magister gegen gebührende Besoldung bei sich aufzunehmen. Nun sei ihnen aber, fahren sie fort, von ihren Freunden, dem Rat und der christlichen Gemeinde zu Braunschweig, der Magister Heinrich Winckel zugesandt, der zum Dienst des Wortes Gottes und des Evangelii eine christliche Ordnung abgefaßt, und es wäre ihnen sehr erwünscht, wenn sie diesen bei sich behalten könnten. Dabei geben sie noch den besonderen Grund an: es sei nämlich der Magister Winckel auch der sächsischen (d. h. niederdeutschen) Sprache kundig. Daran sei ihnen viel gelegen um des gemeinen Mannes willen, dem er sich dadurch besonders wert und verständlich machen könne. Der Rat, an dessen Spitze damals bereits der treffliche Bürgermeister Anton von Verkhusen stand, und der einen Autor Sander als Berater zur Seite hatte, bittet daher, Amsdorf möge sich doch beim Rate zu Braunschweig bemühen, daß dieser statt Winckels den Magister Theodor annehme und ihnen dagegen Winckel überlasse. Aehnlich suchten auch die Göttinger durch Luthers Vermittelung einen der niederdeutschen Volkssprache kundigen Prediger zu bekommen, doch war dieser eines solchen wegen in Verlegenheit. Luther meinte, in Braunschweig nähme man der oberländischen Sprache Kundige an. Dazu gehörte ja Görlitz, den man auf Luthers dringende Empfehlung zum Superintendenten gemacht hatte. Aber mag auch in der verkehrsreichen Hauptstadt sich die Uebung in der bald siegreich vordringenden ober- oder mitteldeutschen Verkehrssprache etwas früher verbreitet haben, für den gemeinen Mann war doch auch hier das Niedersächsische die herrschende Sprache. Kam es doch in damaliger Zeit noch vor, daß man selbst des besseren Verständnisses für die Geistlichen halben kirchliche Ordnungen aus der hochdeutschen Schriftsprache in das ebenfalls noch geschriebene einheimische Niederdeutsche übertrug.[2])

Auch dieser Versuch, Winckel in Hannover festzuhalten, schlug fehl. Mit herrlichen Lobbriefen versehen, wie es in einer Braunschweiger Quelle heißt, kehrte Winckel mit seinem Amtsbruder Hoier von seiner Sendung nach Hannover zurück. Nach altem Brauch und in aufrichtiger Dankbarkeit wollte man ihnen beim Weggang ein Geldgeschenk verehren, aber beide lehnten es ab, damit es nicht den Anschein gewinne, als hätten sie das Evangelium Christi um Geld feil.

Seitdem durch das treue Zusammenwirken des weltlichen Regiments unter dem Bürgermeister v. Berkhusen und dem Syndikus Sander mit der Predigt- und kirchenamtlichen Thätigkeit Winckels und seiner Gehülfen das Reformationswerk in Hannover fest begründet war, nahmen die Dinge dort einen ruhigen Verlauf.

Aber auch für Halberstadt war schließlich die gänzliche Unterdrückung der Reformation nicht mehr durchzuführen, als im Jahre 1539 bald nach einander zwei mächtige fürstliche Gegner derselben, Kurfürst Joachim I. von Brandenburg und Herzog Georg von Sachsen mit Tode abgingen. Da dachten die Halberstädter wieder an ihren Winckel, entließen ihn dann aber doch seiner Pflicht, als sie erkannten, daß die Braunschweiger ihn nicht wohl entbehren konnten.

5. Hildesheim.

So war es denn ums Jahr 1540 im weiten Umkreise der Städte Niedersachsens nur noch Hildesheim, wo das mit einander verbundene kirchliche und weltliche Regiment die Reformation gänzlich zu dämpfen vermochte. Nun waren weder die Bürger von Hildesheim für die evangelische Wahrheit weniger empfänglich, noch waren die Zustände der Altkirchlichen dort besser, als in anderen Städten. Die einundfünfzig mit Mietlingen statt ordentlicher Pfarrer, die zweiundzwanzig gar nicht besetzten Pfarreien im Stiftsgebiet sind dafür ein schlagender Beweis. Der eifrig römisch=katholische Dechant Oldecop gesteht diese Schäden zu. Spuren der reformatorischen Gedanken, die durch Lieder und kleine Schriften in die Stadt eindrangen, zeigen sich schon recht früh bei den Brüdern vom gemeinsamen Leben und beim gemeinen Manne. Bereits 1522 wagen etliche Bürger um einen evangelischen Prediger zu bitten; drei Jahre später beginnen schon einige Geistliche ihren reformatorischen Ueberzeugungen in Predigten Ausdruck zu geben.

Etwas mögen die gerade in dieser Bischofsstadt besonders gehäuften Denkmäler menschlicher Kunstthätigkeit in Kirchen und Kapellen mit ihren bunten Legenden und Sagen einen bestrickenden Einfluß auf die Gemüter ausgeübt haben. Aber die Haupthinderung der Gewissensfreiheit war das rücksichtslos durchgreifende Regiment Johann Wildefürs, der durch Ehrenauszeichnungen an Kaiser Karl V. gekettet war und von 1526 bis 1542 in besonders wirksamer Weise als Bürgermeister herrschte. Eben deshalb sammelten sich nun auch die der Reformation widerstrebenden Elemente von außer= halb in der also abgeschlossenen Stadt, wie wir das an den ent= wichenen Ratsherren und ihrem Anhang aus Hannover sahen. Lange wußte sich Wildefür die Mehrheit im Rat zu sichern und so Hildesheim als Hochburg des römisch=päpstlichen Kirchenwesens in Niedersachsen zu erhalten. Bei strenger Strafandrohung wurde den Evangelischen das Psalmensingen sogar in den Häusern ver= boten. Wer dabei befunden wird, soll mit zehn Pfund reinen Goldes oder mit Gefängnis büßen. In gleicher Weise wird gestraft nicht nur wer lutherische Bücher kauft und verkauft, sondern auch der, in dessen Hause sie gefunden werden. So mußten denn die Bekenner der Reformation ihren Glauben streng geheim halten. Nur die stille Hoffnung durften sie nähren, daß einst ein Tag erscheinen werde, der diese harten Fesseln löse. Ab und zu baten sie auch wohl die der Religionsfreiheit genießenden Nachbarstädte um evangelische Prediger. Und als seit 1531 der Schmalkaldische Bund gegründet war, suchten die Städte Niedersachsens von der See bis zur Elbe, dem Harz und Göttingen, ebenso Landgraf Philipp von Hessen, die Stadt Hildesheim in ihren Kreis zu ziehen, doch vorläufig vergebens.

Wieder war es Braunschweig, der Vorort der niedersächsischen Binnenstädte, das zuerst den Versuch machte, seinen Glaubensgenossen hilfreiche Hand zu bieten. Im August 1532 wagten es die dortigen Prediger Johann Lafferdes und Ludolf Petersen ihren Brüdern in Hildesheim das Evangelium zu verkündigen, doch mußten sie alsbald weichen.

Noch merkwürdiger als dieser mißglückte Versuch unmittelbarer Predigt ist aber die Art und Weise, in welcher der von uns wiederholt erwähnte Freund und Helfer Winckels, Autor Sander, sich bereits vier Jahre vorher seiner Glaubensbrüder in Hildesheim annahm. Um dieselbe Zeit, als er, von der Gesamtgemeinde in seiner Vaterstadt Braunschweig zu ihrem Anwalt und Wortführer gekoren, in Winckel den rechten Mann für das dortige Kirchenwesen herbeizuziehen half, bemühte er sich auch um die Evangelischen in Hildesheim. Nur lag ein überaus merkwürdiger Unterschied darin, daß hier Sander nicht als Sprecher und gesetzkundiger Volksanwalt, sondern, obwohl Nichtgeistlicher, in der Weise eines gereisten evangelischen Christen mit geistlichem Trost und Belehrung diente. Im Jahre 1528 schreibt er eine auf vier Klein-Oktav-Bogen in niederdeutscher Sprache in Druck gegebene „Unterrichtung im rechten christlichen Glauben und Leben an die Christen zu Hildesheim." In der Widmung entbietet er zwei benannten Personen, Ludolf Berckmeyer und Hieronymus Ludwig, auch allen Liebhabern göttlicher Wahrheit und berufenen Heiligen zum Reich der Herrlichkeit Gottes durch Erkenntnis von unserm Herrn und einigen Mittler Christo Jesu, die sich nun zu Hildesheim nach dem Vorbild des Nikodemus — also im Geheimen — zu Christo finden, öffentlich seinen Gruß, zu bekennen das Evangelium von unserer Seligkeit, Gnade und Friede von Gott dem Vater und unserm Herrn Jesu Christo. Er bezeichnet sich als erwählten Diener der Versammlung Christi in Braunschweig. Seine evangelischen Freunde in Hildesheim fordert er auf, täglich mit emporgerichteten Händen und Gemüte Gott den Herrn zu bitten, daß er ihren Glauben täglich vermehren und sie treulich bei dem Evangelium von unserer Seligkeit wolle beharren lassen, sie auch allzeit mit rechtschaffenen gesandten und berufenen Predigern versorge, die fest auf dem letzten Grund und Fundament, welches ist Christus, bauen und keinen Schaden leiden. Auch sollen sie um Verschonung vor Irrlehrern bitten. Dann aber tröstet er sie, wenn es so scheine, als stünden sie eitel unter dem Zorn Gottes, ihnen würden doch zur rechten Zeit öffentliche Prediger zugeführt werden, „was wir denn," fährt er fort, „von unserm Gott durch das Verdienst Christi und durch unsere heiligen Gebete zu Christo immerfort begehren". Nach dieser allgemeinen brüderlichen Ansprache und Ermunterung geht er nun daran, einzelne von ihnen ihm vorgelegte Gewissensfragen nach dem Maß seiner Glaubenserkenntnis zu beantworten, Fragen, die sich besonders auf ihre schwere Glaubensprüfung bezogen, daß sie so lange vergeblich auf Gottes Hülfe gebaut hätten. Sander sagt, er habe zu Braunschweig in derselben Gefahr gesteckt, und Gott wisse, daß oft menschliches Hoffen bei ihm aus gewesen sei und er nichts vor Augen gesehen habe, als das Kreuz, das den Christen von ihrem vorangehenden Kreuzträger Christo aufgelegt werde. Indem er dann näher auf Fragen der evangelischen Lehre eingeht, bemerkt er, er sei nicht so kühn gewesen, ihnen seine Ant= wort ohne den Rat von Gottesgelehrten zu erteilen, sondern er habe sich bei dem treuen Diener des wahren Evangelii Johann Pomeranus, der von ihrem Rat, Gilden und Gemeinden zum Superintendenten erbeten sei, Belehrung geholt. Und nun handelt er von der Kernfrage der Reformation, von der Rechtfertigung eines Christenmenschen vor Gott. Diese Frage brannte den Hildes= heimern besonders deshalb auf dem Herzen, weil ein persönlich sehr achtungswerter Vertreter des römischen Bekenntnisses in ihrer Stadt, der Dechant Oldecop, Luther gegenüber ausgeführt hatte, daß die Werke uns vor Gott rechtfertigen. Sander wies darauf hin, daß Oldecop nach seinem Kopfe die Schrift beuge, die nicht lehre, daß die Werke rechtfertigten, sondern daß nur die Werke der durch den Glauben Gerechtfertigten, die Werke, die aus dem Glauben geschehen, vor Gott Wert haben. Er ermahnte seine Hildesheimer Freunde, sich solange von Oldecop fern zu halten, „bis daß ihm Gott Gnade gebe zu erkennen seine Erlösung in Christo". Nochmals fordert er sie auf, um rechtschaffene wohlgelehrte Prediger zu bitten, die bei guter Lehre auch gottesfürchtige Männer seien. Solche würden dann mit der Gewalt des Schriftworts den Widersacher besiegen.

Er schließt mit der Mahnung, sie, als die da Christum kennen, möchten wegen der unchristlichen Ceremonien geduldig sein, denn zu seiner Zeit würden sie sehen, wie Gott es gerade dann bessern werde, wenn die Feinde sich am höchsten berühmten und meinten, sie hätten gewonnenes Spiel; sie möchten nur Frieden und Einigkeit, beides innerlich und äußerlich, bewahren.

Freilich kam der von Sander mit Bestimmtheit vorausgesehene Tag für Hildesheim besonders spät und mancher, der ihn erhoffte, ist darüber hingestorben, vermutlich auch Sander selbst.³) Aber da wir nicht zweifeln dürfen, daß trotz der die Gewissen bedrückenden Verbote jener kleine köstliche gedruckte Trost- und Belehrungsbrief seinen Weg zu den Herzen und Händen der Evangelischen Hildesheims fand, so mußte er dazu beitragen, die Hoffnung und Geduld der so brüderlich Beratenen aufrecht zu erhalten. Wie Sander es in Glaubenszuversicht voraus gesagt hatte, kam die Hülfe plötzlich und ehe man es erwartet hatte, zu einer Zeit, als der fast monarchisch waltende Bürgermeister Wildefür noch das Regiment hatte.

Da die freie Entfaltung des religiösen Lebens und Wesens, wenn auch an und für sich etwas selbstverständliches, doch, um sich öffentliche Geltung zu verschaffen, der politisch-bürgerlichen Sicherung bedarf, so konnte auch in Hildesheim die Reformation nur zur Ausgestaltung und Anerkennung gelangen, wenn dem gewaltsamen Regimente Wildefürs die Stützen entzogen wurden. Das geschah nun im Jahre 1542, als die zunächst von Goslar zu Hülfe gerufenen Schmalkaldischen Bundesfürsten den erklärten Feind der Reformation, Herzog Heinrich den Jüngeren von Braunschweig, vertrieben und seine Lande in Besitz nahmen. Da ihm damit der mächtige Rückhalt genommen war, so konnte sich Wildefür nicht länger behaupten, und es zeigte sich erst jetzt, wie groß die Zahl der niedergehaltenen Anhänger der Reformation war. Er überlebte den gewaltigen Umschwung der Dinge nicht lange.

Keineswegs war es nun aber das Verdienst des schwankenden, gar nicht hervorragenden Nachfolgers im Ratsregiment, des Bürgermeisters Sprenger, wenn nun alsbald die Reformation zum Siege und zur Ausgestaltung gelangte das geschah vielmehr durch die Hilfe der Schmalkaldischen Bundesgenossen und ganz besonders durch das eifrige Bemühen der von diesen auf kürzere Zeit überlassenen tüchtigen Geistlichen, denen das Verlangen der bisher niedergehaltenen Evangelischen freudig entgegenkam.

Ein Zeugnis für die Wärme, mit welcher das evangelische Bekenntnis unter der Bürgerschaft gehegt wurde, ist es gewiß, wenn wir sehen, wie es ein Kreis von Frauen aus dem Bürgerstande war, der, die Frau des Bürgermeisters Platen aus der Neustadt an der Spitze, unter sicherm Geleite ins Lager der evangelischen Bundesgenossen nach Wolfenbüttel hinauszog, um zunächst den Landgrafen von Hessen um Hilfe für ihre Glaubensgenossen anzuflehen. Als nun der Landgraf diese Gesandtschaft zwar huldvoll aufnahm, aber bevor er weitere Schritte thäte, doch erst eine allgemeine Kundgebung der Männer Hildesheims erwartete, ließ diese zunächst auf sich warten; sie erfolgte auch noch nicht auf eine Botschaft des Schmalkaldischen Bundes an den Rat vom 22. August. Diese zunächst überraschende Erscheinung hat ihren Grund darin, daß zwar die überwältigende Mehrheit der Bürgerschaft, aber noch nicht die Mehrheit des befragten Rats die mit der Reformation verbundenen Veränderungen herbeiwünschte. Es wiederholt sich also hier dieselbe Erscheinung, wie wir sie bei Braunschweig, Göttingen und Hannover zu beobachten Gelegenheit hatten. Aber schneller wie an einem dieser Orte erfolgte hier der Umschwung. Als am 24. August die Abgeordneten der Bundesstädte Braunschweig, Magdeburg, Goslar, Göttingen, Hannover und Einbeck, darunter ein Nikolaus v. Amsdorf und Levin von Emden, dem Rat ins Gewissen redeten, so daß er nicht umhin konnte, die Stadtgemeinde zu berufen, da war auch die Entscheidung schon gesichert und der Bann gebrochen, der bisher die Bürgerschaft gebunden hatte. Als am 27. August, einem Sonntage, die Gesamtbürgerschaft vom Rat aufs Gewandhaus verbotschaftet wurde und zwar, weil die Sache, um die es sich handelte, eine so wichtige war, bereits früh morgens um sechs Uhr, da kam man nach einigen Verhandlungen mit dem Rate zu dem einmütigen Beschlusse, das reine Wort Gottes, „die reine Lehre des heiligen Evangelii", anzunehmen. Zunächst sollen die von den evangelischen Bundesverwandten zu überlassenden drei Prediger das Wort zu S. Andreas, S. Georg und St. Jacobi verkündigen, die übrigen Kirchen, außer dem Dom, geschlossen werden. Ferner sollen die um des Glaubens willen Verbannten zurückgerufen und soll ein Anschluß an den Schmalkaldischen Bund gesucht werden. Da man ihm seine politische Stellung ließ, so konnte und mochte der Rat diesem einmütigen Zusammenhalten der Bürger gegenüber nicht zurückbleiben.

Bei einem so überaus schnellen Umschwung der Dinge erkannte man strenge Gebote zur Aufrechterhaltung der Ordnung gegen versuchte Ausschreitungen einer leicht bewegten Menge für dringend notwendig. Dann ritt am 28. August der Bürgermeister Sprenger mit den Gesandten der Bundesstädte nach Braunschweig, um von den Häuptern der evangelischen Vereinigung sich drei Prediger für die Hauptkirchen bis zur Gewinnung ständiger eigener Prädikanten zu erbitten. Dazu wurden ihnen denn drei der tüchtigsten Männer überlassen, vom Kurfürsten von Sachsen Dr. Joh. Bugenhagen, von der Stadt Braunschweig ihr in dergleichen Sendungen bewährter Coadjutor Magister Winckel und vom Landgrafen von Hessen dessen früherer Hofprediger Mag. Anton Corvinus. Die ersteren konnten sofort an ihren Bestimmungsort abgehen und ihr Werk beginnen, Corvinus folgte bald nach. Bugenhagen und Winckel wurden ehrenvoll abgeholt und von einem eifrigen Bekenner der Reformation, dem Kämmerer Henning Blum, geherbergt.

Wie der Domdechant Ludolf v. Veltheim berichtet, langten die von Braunschweig kommenden Geistlichen am Mittwoch dem 30. August mit ihrem Gesinde, Chorschülern und jungen Sängern in großer Zahl zu Hildesheim an. Es scheint darnach, als ob die Glaubensgenossen behufs feierlicher Eröffnung des Gottesdienstes in der Schwesterstadt, die durchaus keine Gelegenheit gehabt hatte, einen Kirchenchor für die evangelischen Gemeinden, die es ja noch gar nicht gab, auszubilden, vorsorglich einen solchen mitgegeben hätten. Als tags darauf Bürgermeister Sprenger den Geistlichen nachfolgend nach Hildesheim zurückgekehrt war, ließ Bugenhagen durch diesen den Dechanten zu St. Andreas, Burchard von Oberge, auffordern, die Hostien und Monstranz sowie das geweihte Wasser in dem großen Taufwasserkessel beiseite zu schaffen. Es geschah das aus Rücksicht auf das Gefühl der Altgläubigen, die nun in ceremoniöser Weise die Monstranz nach dem Dom führen konnten. „So ist also", berichtet der Domdechant, „der

Herr Christus, wie in seinen Kinderjahren vor Herodes, seinem
Feinde, so auch jetzt vor seinen Verfolgern aus seinem Hause
— der Andreaskirche — zu seiner benedeieten Mutter in ihr
Haus — den Dom — geflohen."

Freitag der erste September 1542 war nun einer der bedeut=
samsten Festtage, welche die alte ostfälische Stadt seit Einführung
des Christentums sah, denn an ihm wurde der erste allgemeine
und öffentliche evangelische Gottesdienst in der festlich geschmückten
St. Andreaskirche gehalten. Im festlichen Schmucke bewegte sich
ein gewaltiger langer Zug vom Rathause bis zur Kirche, voran
in der Mitte des Rats die evangelischen Prediger Bugenhagen
und Winckel. Auch die Gegner der Kirchenerneuerung geben
Zeugnis von der Begier, mit der die Hildesheimer ihr zugethan
waren und von der zahlreichen Beteiligung an den Gottesdiensten.
Vielen Hörern flossen bei den ersten öffentlichen ungehinderten,
mit aller Zier der Liturgie gefeierten Gottesdiensten die Thränen
der Freude und Rührung von den Wangen. Wie erklärlich ist
das, wenn wir bedenken, wie lange sie auf die Erfüllung der
Hoffnungen gewartet hatten, die ihnen ihr Freund Sander so zu=
versichtlich vorausgesagt hatte. Freilich erklärt sich aus dem so
jähen Wandel auch der Uebermut, der später — doch nur ganz
vorübergehend — in Ausschreitungen der großen, rohen Menge
den evangelischen Namen befleckte.

Vorläufig ließ es, auch abgesehen von den strengen obrig=
keitlichen Verordnungen, die allgemeine Erhebung der Gemüter zu
keinem Mißton dieser Art kommen. Bugenhagen sprach in der
ersten Predigt über Markus 1,15: „die Zeit ist erfüllet und das
Wort Gottes herbeigekommen". Dabei erklangen hier zum ersten
male im Gotteshause und in der großen Gemeinde die kräftigen
und schönen Glaubenslieder, welche die Dichter und Bekenner der
Reformation anderswo in deutschen Landen schon seit ein paar
Jahrzehnten gesungen hatten. Bugenhagen war freudig überrascht,
als er gewahrte, daß den meisten Zuhörern dieselben trotz der
strengen Verbote schon bekannt waren.

Am 1. September war Winckel Hörer und Helfer bei dem
ersten Eröffnungsgottesdienste gewesen. Der nächste Tag, Sonn=
abend der zweite September, läßt sich wohl in ganz besonderem

Sinne als Ehren- und Freudentag des treuen Friedensboten bezeichnen, denn an diesem Tage war es ihm beschieden, an derselben Stelle in seiner volkstümlichen, wohlklingenden Sprache, aber auch als bewährter, in kirchlicher Wissenschaft tief gegründeter Prediger der überaus zahlreichen, andächtig lauschenden Menge über Psalm 87, 3: „Herrliche Dinge werden in dir gepredigt, du Stadt Gottes" zu reden. Schon der gewählte Text läßt den Jubelton ahnen, der aus des auf einer besonderen Höhe seines Lebens und Wirkens stehenden Zeugen Herz und Munde erklang. Was war doch alles durch Gottes Fügung mittels seines unermüdlichen Dienstes in Niedersachsen geschehen, seit er zum ersten mal sein mutiges Bekenntnis vor der Halberstädter Gemeinde zu St. Martini abgelegt hatte!

So sehr indeß ein solches Frohgefühl seinen Geist erheben mußte, zum Denken an sich selbst fand Winckel kaum Zeit, denn seine Thätigkeit wurde hier wohl mehr wie je vorher in Anspruch genommen. Des Dombechanten Bericht erinnert uns daran, daß von römisch-katholischer Seite der geistige Kampf keineswegs aufgegeben, nur der evangelischen Bewegung freie Bahn geschaffen war. In Hildesheim war aber auch innerhalb der Reformationsverwandten die Aufgabe Winckels und seiner Mitarbeiter weit größer und schwerer, als an einem seiner früheren Wirkungsorte. Wir haben hierfür das vollwichtige gleichzeitige Zeugnis Bugenhagens. Dieser schrieb am 2. September an den Sächsischen Kanzler Brück: „Es ist hier weder Pfarrer noch Kapellan, der uns helfen könnte, es steht hier mit allen Dingen erbärmlich." Wie konnte es anders sein, da bis wenige Tage vor Ankunft der bundesgenössischen Prediger jede Bethätigung des evangelischkirchlichen Lebens aufs strenge unterdrückt worden war.

Es gab auch noch Auseinandersetzungen mit den kirchlichen Gegnern. Am Sonntage, nachdem Winckel das Wort zu St. Andreas verkündigt hatte, hielt der Weihbischof Sannemann eine Gegenpredigt im Dom. Winckel begab sich mit seinem Amtsgenossen Corvinus nebst zahlreichen Bekennern der Reformation dahin und hörte der Rede zu. Sannemann, der erst aus Furcht die Kanzel nicht hatte besteigen wollen, fand zu seiner Verwunderung andächtig lauschende Hörer und unter diesen besonders Winckel und Corvinus.

Wie der Domdechant berichtet, wollten die meisten evangelischen Zuhörer über Sannemanns Erfolg vor Gift ersticken. Dagegen giebt er Winckel und Corvinus das Zeugnis, sie hätten den Weihbischof für einen gelahrten Mann erklärt, der eine Predigt gehalten habe, die unsträflich, das heißt untadelhaft und rein in der Lehre sei: Er habe nur „Platten und Kappen" an — die Aeußerlichkeiten in kirchlichen Formen sind gemeint. Bedenken wir, daß Winckel einst ganz mit denselben Worten seinen Brüdern im Johanneskloster zu Halberstadt erklärt hatte, er wolle gern diese Platten und Kappen mit ihnen tragen, wenn er im übrigen nur seines evangelischen Glaubens leben dürfe, so sehen wir, wie sehr er als ganzer Mann lediglich auf den Mittelpunkt der evangelischen Wahrheit sah. Dies tritt bei ihm, und wie wir sehen auch bei Corvinus, um so heller hervor, je weniger die übrigen evangelischen Hörer sich in ein so unbefangenes Urteil finden konnten. Sie fürchteten freilich von einem Siege Sannemanns und derer, für die er das Wort führte, eine Rückkehr unter den Gewissensdruck, von dem sie erst kaum befreit waren. Wider der Prädikanten Willen geschah es deshalb, daß die Gegenpredigten im Dom sofort untersagt wurden, während erstere die Zuversicht hegten, man werde auch die Gegner durch die Kraft des Wortes gewinnen, wenn man ihnen nur eine längere Frist verstatte.

Als nun aber am 26. September die Gemeinden der ganzen Stadt sich auf dem Rathause versammelten, wurde beschlossen, alle Kirchen und Klöster außer dem Dom sollten geschlossen, die katholischen Ceremonien und Gottesdienste bei geschlossenen Thüren gefeiert werden. Die Bürger sollen sogar ihre Angehörigen und Gesinde nicht in den Dom gehen lassen. Der Domdechant bezeugt ausdrücklich, daß dies wider den Willen der Prediger geschah. Den Bürgern war es aber nur darum zu thun, das ihnen durch den langen Druck so verhaßt gewordene alte Kirchenwesen möglichst bald und gründlich zu beseitigen. Eine vom Weihbischof angebotene öffentliche Disputation wünschten die Prediger nicht, meinten vielmehr, solche Erörterungen seien litterarischer Behandlung anheimzugeben. Die Verdächtigungen derselben, sie hätten durch Entleerung der mit geweihtem Wasser gefüllten Taufkessel andeuten wollen, die Römisch-Katholischen seien unrecht getauft, und ihre Zusammenstellung mit dem „Münsterschen Handel, Knipperdolling und seinen Gesellen" tragen den Stempel böswilliger Verleumdung an der Stirn.

So groß die in Hildesheim zu leistenden kirchlichen Aufgaben waren, sie wurden durch einträchtiges Zusammenwirken von Bugenhagen, Winkel und Corvin erfüllt. Täglich fanden an den oben genannten Kirchen Gottesdienste mit den liturgischen Feiern, wie die Reformation sie im möglichst treuen Anschluß an das Ueberkommene geschaffen hatte, statt. Der Domdechant, der diese evangelischen Ceremonien ausdrücklich hervorhebt, berichtet auch von einem merkwürdigen Falle evangelischer Kirchenzucht. Der Buchdrucker Henning Rüde hatte früher im Dienste Herzog Heinrichs d. J. giftige Flugschriften wider die Reformation hergestellt, war aber nach dessen Vertreibung nach Hildesheim gezogen und hatte sich dem evangelischen Bekenntnis zugewandt. Hier that er öffentlich Kirchenbuße und bekannte, daß er bei dem Drucken der reformationsfeindlichen Flugschriften gegen Gottes Wort gehandelt habe. Darauf wurde er durch Handauflegung von Bugenhagen, Winkel und Corvinus absolviert und in die Gemeinde aufgenommen. An diese Handlung schloß sich eine allgemeine mit großer Innigkeit begangene Feier des heiligen Abendmahls. Hinfort stellte Rüde sein Gewerbe in den Dienst der evangelischen Gemeinde und druckte auch die Hildesheimer Kirchenordnung, bei der die genannten drei Begründer der evangelischen Kirche der Stadt beteiligt waren. Wie natürlich bildete auch hierbei die Braunschweiger Ordnung von 1528 die Grundlage. Ihr entschieden konservativer Charakter verdient hervorgehoben zu werden. Die Ohrenbeichte wird nicht verworfen, sie soll nur nicht zur Gewissensqual werden. Und dem Uebermaß von Bildern und Bildnerei gegenüber, wodurch Hildesheim sich auszeichnete, ließ man sich nicht, wie häufig an andern Orten, zu deren radikaler Beseitigung verleiten. Bilder, welche die heiligen biblischen Geschichten darstellen und als Laienbibel gelten können, werden für gut angesehen; nur sollen die Kirchen nicht mit mächtigen anspruchsvollen Statuen angefüllt werden, die an die heidnischen Götterbilder erinnern und die rechte Verehrung Gottes im Geist und in der Wahrheit beeinträchtigen Gegen Schwärmerei, offenbaren Wucher und dauernd ärgerlichen

Wandel wird Kirchenzucht geübt, der große Bann aber abgeschafft. Durch einträchtiges Zusammenwirken von Geistlichen, Rat und Gemeinde wurde auch in Hildesheim ein gemeiner Kasten errichtet, in den man legte, was von geistlichem Gut eingezogen war, um davon die Bedürfnisse von Kirche und Schule, insbesondere auch der Kirchen= und Schuldiener, zu bestreiten.

Wir würden uns darüber zu verwundern haben, wenn man nicht auch in Hildesheim wie an allen Orten, an denen er bisher gewirkt hatte, dringend gewünscht hätte, die Hülfe Winckels länger genießen zu können, als es ursprünglich verstattet war. Aber an solchen Bitten ließ es auch Hildesheim beim Rate zu Braunschweig nicht fehlen. Nur konnte dieses seinen Coadjutor je länger je weniger entbehren. Zunächst war er nur auf einen Monat über= lassen worden. Als Winckel aber erst ein paar Wochen seines wichtigen Dienstes mit hingebendem Eifer gewartet hatte, baten die Hildesheimer, man möge ihnen doch der so wichtigen Aufgabe wegen noch ferner mit Winckel und noch zwei weiteren Predigern aushelfen. Dazu ließen sich die Braunschweiger wirklich willig finden und sandten den Mag. Lasferdes und Petersen, jene beiden Prediger, die bereits zehn Jahre vorher einen Versuch gemacht hatten, den Evangelischen in Hildesheim das Wort zu verkündigen. Mit diesen, die am 19. September von Braunschweig abgingen, arbeitete Winckel noch eine kurze Zeit zusammen. Bugenhagen wurde ebenso wie Corvinus schon am 24. September zur Braun= schweigischen Landesvisitation zurückberufen.

Wohl traten mehrere auf kürzere Frist von Hannover und Goslar überlassene und auch andere Geistliche an der Abberufenen Stelle. Aber Winkels mochte man gerade um deswillen um so weniger entbehren, als er von den drei Predigern, die das evan= gelische Kirchenwesen in der Stadt begründet hatten, der letzte war. Die Hildesheimer baten daher die ihnen wohlgeneigte Bundesstadt, ihnen Winckel doch auf ein ganzes Jahr zu überlassen. Aber der Rat antwortete, nachdem er sich über die Lage der kirchlichen Verhältnisse genau erkundigt hatte, er könne Winckel nicht nur nicht auf ein ganzes Jahr, sondern auch nicht auf ein halbes beurlauben, weil das ihm anvertraute Amt ein solches sei, daß es in seiner Abwesenheit durchaus nicht von einem andern Prädikanten

verſehen werden könne. Gott dem Allmächtigen zu Ehren und vielen
Menſchen zur Beſſerung ſeien ſie aber willig, ihn bis Weihnachten,
doch nicht länger, bei ihnen zu laſſen, damit er während dieſer Zeit
Gottes Wort lehren und ausbreiten könne, inzwiſchen würde Hildes=
heim ſich mit andern chriſtlichen Predigern zu verſehen wiſſen.

So wird denn Winckel gegen Neujahr 1543 nach viermonatlicher
Wirkſamkeit in der alten Biſchofsſtadt in ſein Coadjutoramt wieder
eingetreten ſein. Fortan bot ſich für ihn in Niederſachſen keine
Gelegenheit mehr, durch eine außerordentliche Sendung für die
Neubegründung evangeliſcher Stadtgemeinden ſeine Dienſte zu
leiſten. Von einem anderen als nur mittelbaren Einfluß auf den
Gang der Reformation in ſeiner Vaterſtadt Wernigerode, auf den
er eingewirkt haben ſoll, war keine urkundliche Spur zu entdecken.
Etwas mehr läßt ſich von einer Einwirkung auf Oſterwiek, das ſeit
1520 der Sitz ſeiner nächſten Verwandtſchaft war, aus verſchiedenen
Umſtänden folgern. Aber zu unmittelbarer Thätigkeit nach außerhalb
war ihm zumal in ſeinen ſpäteren Lebensjahren keine Zeit gelaſſen.

Um die mit der Zeit ſich häufenden Arbeiten und den Grund
genau zu verſtehen, aus welchem die Braunſchweiger, die doch den
Hildesheimern ſo gern halfen, Winckel um ſeiner beſonderen Auf=
gaben willen nur mit ſchweren Opfern höchſtens vier Monate
überlaſſen konnten, müſſen wir einen Blick auf die damaligen
Zeitumſtände und auf die Stellung werfen, die Braunſchweig im
evangeliſchen Kirchenweſen Niederſachſens einnahm. Mit der Ver=
treibung Herzog Heinrichs d. J. durch die Schmalkaldiſchen Bunds=
genoſſen und der daraus folgenden Reformation wuchſen der Braun=
ſchweigiſchen Kirche noch beſondere Aufgaben zu. Im Jahre 1542
wurde, nachdem im Auguſt eine Beratung wegen der Landes=
reformation ſtattgefunden hatte und ein Landtag der Ritterſchaft
und Städte abgehalten war, ein Ausſchuß für die vorzunehmende
Landesviſitation unter Dr. Bugenhagen, dem Generalſuperintendenten
Anton Corvinus und dem Superintendenten von Braunſchweig, Mag.
Martin Görlitz, beſtellt. Dadurch wurde natürlich die Arbeit Winckels,
als Helfers und Vertreters des Superintendenten, vermehrt. Und
dieſe Laſt der Superintendentur war eine ſchwerere, als die Mit=
beteiligung bei der Landesviſitation. Von dieſer wurde aber Görlitz
zu ſeiner großen Befriedigung ſchon im Jahre 1543 befreit, als

er zum ersten evangelischen Prediger an St. Blasien berufen wurde. Auch der Mitarbeit bei der Landesvisitation wurde er überhoben, als er im nächsten Jahre einem Rufe als Superintendent und Professor nach Jena folgte. Zwar wurde in Nikolaus Medler aus Naumburg für Görlitz ein Nachfolger als Superintendent nach Braunschweig berufen. Da aber Jahr und Tag verging, ehe er zu Michaelis 1545 dieses Amt antreten konnte, so wuchs Winckel auch diese Arbeit der Verwaltung der erledigten Stelle zu. Wir haben, da ohnehin seine Beteiligung bei der Landesvisitation von Dav. Chytraeus bezeugt wird, anzunehmen, daß er an Görlitzens Stelle auch an der im Januar und Februar 1544 abgehaltenen zweiten Braunschweigischen Kirchenvisitation neben Bugenhagen und Corvinus teilgenommen hat.

Daß der Stadtsuperintendent von Braunschweig oder sein Vertreter einem solchen Ausschusse angehörte, entsprach der Stellung, die jene Stadt unter den Evangelischen Niedersachsens einnahm. In seinen Berichten über die Hildesheimer Reformation an den Bischof sagt der Domdechant, die den evangelischen Hildesheimern hülfeleistenden oder durch Abgesandte bei ihnen vertretenen Städte vom Seestrande bis zur Elbe, Harz und Göttingen hätten den obersten Superintendenten von Braunschweig zum Erzbischof ordnen wollen, unter welchem dann die Superintendenten der einzelnen Städte als Bischöfe stehen sollten. Dieser Gedanke entsprach wirklich den thatsächlichen Verhältnissen. Die Oberhirten in den größeren Städten, die verschiedene Gemeinden und Geistliche unter sich hatten, werden in gleichzeitigen Schriften ihrer Stellung entsprechend öfters Bischöfe genannt. Daß nun Braunschweig als Haupt- und Mutterort wenigstens der binnenländischen Städte betrachtet wurde, hatte seinen guten Grund, nicht bloß darin, daß diese Stadt die volkreichste war, sondern daß sie bei der Begründung anderer städtischer Kirchenwesen große Dienste geleistet hatte und daß ihre kirchlichen Ordnungen in einem weiteren Kreise als Vorbild dienten.

6. Allgemeine Züge der Kirchenreformation in Niedersachsen und Winckels Bedeutung für dieselbe.

Indem wir nun hier von einer Krönung des niedersächsischen Reformationswerkes handeln, das nach Durchführung der Reformation in Hildesheim im Wesentlichen zum Abschluß gelangt war, dürfte es sich empfehlen, auf den Gang, den dasselbe nahm, einen vergleichenden Blick zu werfen, um deßselben besondere Art zu erkennen und es verstehen zu lernen, wie es geschah, daß dieses Werk zu einem so günstigen und erfreulichen Ziele gelangte. Als etwas mehr oder weniger selbstverständliches läßt sich das doch gewiß nicht ansehen. Denn als die großen Gedanken der Reformation durch kleine Schriften, mündlichen und brieflichen Gedankenaustausch, und nicht zuletzt auf den Flügeln des „neuen Liedes" in die Lande getragen wurden, da standen ihrer Durchführung nicht nur die Hemmungen entgegen, die von dem widerstrebenden alten Kirchenwesen ausgingen, sondern in den angesehenen Städten Niedersachsens fast mehr noch die bürgerlich-politischen Gegensätze der Stände oder Berufskreise. Wie wir sahen, fiel fast überall der Handwerker, der gemeine Mann der neuen Botschaft zu, während Rat und Altbürger widerstrebten. Mit Notwendigkeit hat jede allgemeine und wesentliche Fortentwickelung auf geistigem Gebiete auch einen Fortschritt in der freiheitlichen Stellung zur Folge. Da das die bevorrechteten Altbürger wohl fühlten und in den neuen Freiheiten der Gemeinden wenigstens mittelbar einen Verlust erkannten, so waren sie diesem Neuen abgeneigt. Wenn hierin Halberstadt insofern eine Ausnahme macht, als wir in der Frage der Reformation den Rat, den Ausschuß aus den acht Vierteln und gemeine Bürgerschaft fest zusammenhalten sehen, so war das eben eine Ausnahme, die nur zur Bestätigung der Regel dienen kann. Denn wenn schon von vornherein in dieser bischöflichen Stadt der Unterschied zwischen den bevorrechteten Ratsfamilien und den gemeinen Bürgern nicht so groß gewesen war, wie in anderen fast selbständigen städtischen Republiken, so hatten die Kämpfe in der ersten Hälfte des 15. Jahrhunderts diesen Gegensatz noch mehr ausgeglichen. Außerdem mußte der allgemeine Druck seitens des altkirchlichen Regiments noch mehr dazu dienen, die Anhänger desselben Bekenntnisses zu verbinden. Da es nun aber für beide Teile und für die Stadtgemeinden verhängnisvoll gewesen wäre, wenn nur die Zünfte und der gemeine Mann die Reformation angenommen, die Geschlechter sie dauernd abgelehnt hätten, so entstand die große Frage, wie man diese Gefahr vermeiden und

zu einer religiös=kirchlichen Einheit auf dem Boden des refor=
matorischen Bekenntnisses gelangen könnte. Wie wir sahen, ist es
überall zu Abweichungen von dem herkömmlichen Buchstaben des
Gesetzes, teilweise zu heftigen Auseinandersetzungen und unruhigen
Bewegungen gekommen; dennoch wurde überall nicht nur Blut=
vergießen vermieden, sondern auch nirgend ein Umsturz in der
Verfassung bewirkt.

Daß dies nicht geschah, daß vielmehr überall nach meist nur
ganz kurzen Stürmen die Dinge einen ruhigen und gesegneten
Verlauf nahmen, hatte verschiedene Gründe. Zunächst wäre es
ein großer Irrtum, wollte man annehmen, die Ratsfamilien seien
alle, seien überhaupt grundsätzliche Gegner der Reformation gewesen.
Wie in Göttingen verschiedene aus den ersten Ratsfamilien sich
der Reformation zuwenden, so erklärt auch in Braunschweig der
Rat, als die gemeine Bürgerschaft fest und treu zur Reformation
steht, er sei nicht gemeint, sich darin von den Bürgern zu trennen,
und in Hildesheim brauchen nur wackere Männer, wie v. Amsdorf
und Levin v. Emden, den Ratsherren ernstlich das Gewissen zu
schärfen, um sie von ihrem nur vorübergehenden passiven Wider=
stande gegen die Reformation abzubringen. Es wäre auch sehr
verkehrt, wollte man nur den Ratsfamilien selbstische Antriebe
bei ihrem Widerstreben gegen die Reformation zuschreiben. Gewiß
lagen bei den Vertretern des bisherigen Rechtszustandes und des
Besitzes selbstische Motive nahe, aber auch für den Handwerker
und gemeinen Mann mischten sich in seine Sympathie für die
Sache der Reformation nur zu leicht allerlei Gedanken an Rechte
und Freiheiten, zu deren Erlangung ihm sein Kampf fürs Evan=
gelium zugleich dienen sollte. Aber bei dem allen gehörte eine
große Verblendung dazu, wollte man bei schlichter Prüfung der
Quellen es verkennen, daß es doch aller Orten der religiöse
Gedanke, der im Volke lebende und erwachende Glaube war, der
die Einzelnen und die Gemeinden beherrschte. Es war den Braun=
schweigern, Hannöverschen und Hildesheimern heiliger Ernst, wenn
sie für den evangelischen Glauben mit Gut und Blut einmütig
zusammenstehen wollten. Am schwersten schien bei der Größe der
Stadt und dem Unterschiede in der Rechtsstellung zwischen Rat
und Gesamtgemeinde die Sache in Braunschweig zu stehen, wo in

der That an eine allgemeine Durchführung der Reformation nicht schien gedacht werden zu können, wenn nicht zuwider dem Buchstaben des Echtedings, das Zusammenkünfte der Bürger ohne Ermächtigung des Rats, auch wenn sie offen am Tage geschahen, bei Leib und Leben verbot, die Gemeinden, von der Ueberzeugung ausgehend, daß hier Gott mehr zu gehorchen sei, als menschlicher Satzung, diese Versammlungen doch gehalten hätten. Muß hier also nach dem Buchstaben des Gesetzes ein Bruch mit dem Uebernommenen anerkannt werden, so dient doch der Verlauf und das Ergebnis dieses Vorgehens zu dessen glänzender Rechtfertigung. Der in der Geschichte seiner Vaterstadt aufs beste bewanderte höchst gewissenhaft prüfende Hänselmann erinnert angesichts dieser Thatsache daran, daß seit 250 Jahren in Braunschweig alles mögliche durch offenen Aufruhr durchgesetzt war. Und die Kirchenerneuerung, die gewaltigste und einschneidendste Veränderung, die nur jemals während der ganzen Geschichte der Stadt eintrat, schritt durch die größten Gegensätze hindurch nach kurzer Aufregung ruhig ihre Bahn zu einem sichern Ziele.[1]

Wie ist das zu erklären und durch welche Mittel geschah das? Gewiß schuf sich, da es sich um eine ideale, um eine religiöse Sache handelte, die Wahrheit und ihr Wort von selbst eine Bahn. Aber wir wissen aus der Geschichte nur zu sehr, wie viel auf die Handhabung und die ausführenden Organe ankommt und daß durch irregeleitete und leidenschaftliche Organe das wärmende Licht des Glaubens zur Brandfackel der Zerstörung werden kann. Zur gedeihlichen Entwickelung der Reformation in Niedersachsen wirkten aber einzelne Gläubige und ganze Gemeinden, dem Evangelium ihre Lebenskraft widmende Nichtgeistliche und Prediger des Worts kräftig zusammen.

Es ist ja im Allgemeinen bekannt und leicht erklärlich, daß bei dem Erwachen neuen kirchlichen Lebens und bei der Bildung neuer geistlicher Gemeinschaften der Zusammenhang der Glieder ein besonders fester ist. Dies zeigte sich bei unserer niedersächsischen Reformationsgeschichte aufs schönste; Winkel, der nur kurze Zeit in Halberstadt öffentlich wirkte, ist etliche Jahre nachher nicht nur in Braunschweig, sondern auch in Göttingen seiner Tüchtigkeit und seinem Wesen nach genau bekannt. Und die evangelischen Städte halfen einander bei der Durchführung der Reformation mit Rat und That durch Darleihung von Predigern, Fürwort und durch Ermahnung zur Besonnenheit und Eintracht. Es wird gern zugestanden, daß die verbundenen Städte auch ein mehr oder weniger politisches Interesse daran hatten, daß die Glieder ihres Kreises auf den gleichen religiös=kirchlichen Boden gestellt wurden. Aber wir würden die Zeit schlecht verstehen, wenn wir nicht darauf achteten, wie dieser Zusammenhalt in der persönlichen religiösen Lebensgemeinschaft der Gemeinden untereinander seinen tieferen Grund hatte.

Es ist, so weit wir sehen, wenigstens für unser Niedersachsen noch nicht darauf hingewiesen worden, daß die Gläubigen und die evangelischen Gemeinden auch öffentlich in den Kirchen und Versammlungen für die Ausbreitung der Reformation und für besonders bedrängte christliche Brüder beteten. Ein uns schon bekannt gewordenes Braunschweiger Gemeindeglied tröstet unter anderm im Jahre 1528 die bedrängten Hildesheimer damit, daß sie in Braunschweig von Gott um Christi willen fortwährend in heiligem Gebete erflehten, daß doch den Hildesheimern öffentliche Boten des Evangeliums zugeführt werden möchten. Dieses Gebet sei ihnen in allen öffentlichen Versammlungen von ihren wahren Predigern anbefohlen. Er hegt die Glaubenszuversicht, Gott werde das Gebet seiner Auserwählten erhören.[5]) Die Evangelischen Hannovers ließen durch ihren Rat den Nikolaus von Amsdorf bitten, daß er nicht nur für sich allein, sondern auch in der Versammlung Gottes — in den öffentlichen gottesdienstlichen Versammlungen zu Magdeburg — betend der Evangelischen zu Hannover und ihrer Nöte eingedenk sein möge.[6])

Die tief religiösen Beziehungen der Gläubigen unter einander bildeten auch einen Wall gegen schwärmerische Ausschreitungen und Abweichungen in der Lehre. Dieser Gesichtspunkt war gewiß wesentlich mit bestimmend, wenn einzelne Städte, wie Goslar, Hannover und besonders Braunschweig auf kürzere oder längere Fristen je einen, selbst zwei bis drei bewährte Prediger zur Begründung eines auswärtigen Kirchenwesens beurlaubten. Seit Festsetzung des Augsburgischen Bekenntnisses und nach einzelnen schwärmerischen Erscheinungen diente es auch zur äußeren Sicherung der kirchlichen

Gemeinwesen, wenn sie alle schwärmerischen und bedenklichen Lehr=
abweichungen vermieden. Daher erinnert in dem eben angeführten
Schreiben Hannover den Nikolaus von Amsdorf daran, daß sie
alle Neuerung der Schwärmer, Sakramentirer und der wieder=
täuferischen Unsinnigkeit vermieden hätten und mit ihren Schwester=
städten entschlossen seien, solchem Unwesen gemeinsam entgegenzu=
treten.

Aber die ganzen Stadtgemeinschaften bedurften selbst wieder der
belehrenden und führenden Organe. Daher war es denn so wichtig,
daß es, wenn auch nicht eben in sonderlich großer Zahl, Männer
vom bürgerlich=weltlichen sowohl wie vom geistlichen Stand und
Berufe gab, die ganz erfüllt von der heiligen Sache, um die es
sich handelte, zugleich den hingebenden Willen, den kühnen Mut
und das nötige Geschick hatten, um in einer so wichtigen Ueber=
gangszeit ihren Mitbürgern oder auch ihren Glaubensgenossen
in weiteren Kreisen zu raten und zu dienen. Soweit es sich hier
um zugleich wissenschaftlich vorgebildete, besonders rechtskundige und
kirchlich lebendige, selbständige Männer außerhalb des geistlichen
Standes handelte, haben wir es hier mit Persönlichkeiten zu thun,
wie eigentlich erst die Reformation sie aufweist und zeitigte.

Zu diesen Männern gehörte in Halberstadt der Bürger=
meister Heinrich Schreiber, ein geistig regsamer, gebildeter
Mann, der als ein Haupthebel der reformatorischen Bewegung
daselbst ausdrücklich bezeichnet wird. Auch in Göttingen zeichneten
sich Einzelne von den Altbürgern als wirksame Förderer der
Reformation aus, in Hannover war der Bürgermeister v. Barck=
hausen eine Zierde und Stütze der jungen Gemeinden. Kein
Mann kann aber innerhalb unseres niedersächsischen Kreises so
sehr als Typus eines edlen und gereiften evangelischen Laien
oder nichtgeistlichen Gemeindeglieds bezeichnet werden, als Autor
Sander. Wir können die Verdienste, die dieser bescheidene, völlig
unabhängige Mann, lediglich aus Liebe zu unserem evangelischen
Glauben und zu dem, der dieses Glaubens Eckstein ist, sich um
die Reformation seiner Heimat erworben hat, kaum hoch genug
anschlagen. Ohne Amt und mäßig bemittelt stellte er sich zu
einer Zeit, als Mut dazu gehörte, so offen hervorzutreten, seinen
evangelischen Mitbürgern in Braunschweig zur Verfügung, ließ

sich von der Gesamtgemeinde als Anwalt und Sprecher wählen und wußte die Sache der rechtskundlich ungeübten Menge so geschickt und einheitlich und mit solcher Besonnenheit zu leiten, daß der Zweck wesentlich durch seine Thätigkeit ohne besondere Zwischenfälle erreicht wurde. Er war es, der die Berufung Winckels besonders förderte. Wie nachhaltig die Trost- und Lehrschrift eines so lautern, unabhängigen Mannes auf die gedrückten Hildesheimer wirken mußte, haben wir bereits hervorgehoben, nicht minder, wie notwendig und segensreich er den ihrer rechtskundigen Führer beraubten Gemeinden in Hannover in seiner wichtigen Stellung als Stadtsyndikus wurde.

Doch wie wichtig und wesentlich das feste, treue Zusammenhalten der Gemeinden und die hingebende Thätigkeit einzelner hervorragender und befähigter Gemeindeglieder für die rechte Ausgestaltung des evangelischen Kirchenwesens in Niedersachsen sein mochte: bei der Durchführung einer Kirchenerneuerung kam es doch zunächst und allermeist auf die dazu berufenen natürlichen Organe, die Prediger, Lehrer und Seelsorger an. Blicken wir auf diese, so war an wahrhaft tüchtigen Männern keineswegs Ueberfluß, aber im Allgemeinen darf man doch sagen, daß es eine nicht geringe Zahl würdiger Männer war, die in den etwas näher ins Auge gefaßten Städten in Treue und mit Erfolg ihres heiligen Amts warteten. Wir können und brauchen sie nicht alle zu nennen. Ueber die Thätigkeit der berufensten unter ihnen, eines Bugenhagen und Corvinus, ist ohnehin in unserer Litteratur ausgiebige Nachricht gegeben. Die uns gestellte Aufgabe veranlaßt uns aber, über den einen dieser Männer, über Heinrich Winckel, noch einige Bemerkungen hinzuzufügen.

Winckels reformationsgeschichtliche Bedeutung.

Daß wir Winckel vor allen anderen für sich betrachten, ist nicht die Willkür eines selbstgewählten Planes, vielmehr ist es dieses Mannes Thätigkeit, der wir bei der Durchführung der Reformation an allen von uns betrachteten Orten begegnen, während einige nur an dem einen oder andern thätig waren. Daß dieses sich aber so verhält, ist wieder nicht ein Spiel des Zufalls, sondern für die von ihm erfüllten Sendungen bedurfte man gerade eines

Mannes von den Eigenschaften, wie er sie in sich vereinigte und wie sie sich nur in seltenen Fällen beisammen finden. Man könnte wohl sagen, soweit sich im Allgemeinen eine derartige Aufstellung von einem Menschen machen läßt, daß Winckel unter dem Geschlecht seiner Tage für die ihm gestellten und von ihm erfüllen Aufgaben unersetzlich war. Das ergiebt sich aus dem Gesamtbild seiner Persönlichkeit. Zu den reformationsgeschichtlichen Größen im gewöhnlichen Sinne dieses Worts kann Winckel freilich aus einem doppelten Grunde nicht gezählt werden, erstlich weil wir nichts von selbsteigenen schöpferischen Gedanken wissen, die er aus sich heraus entwickelt und zur Geltung gebracht hätte, sodann, weil es seinem Wesen durchaus nicht entsprach, selbst thätig vorschreitend in den Gang der Dinge einzugreifen oder sich in thatkräftiger Führerrolle an die Spitze der Bewegung zu stellen. Aber wenn uns von ihm wenig in Schrift ausgeprägte Zeugnisse seines Geistes überliefert sind, so liegt das nicht an einer Unfähigkeit, große und tiefe Gedanken aufzufassen und fruchtbar in sich zu verarbeiten, sondern der wissensdurstige und nach fleißigem Studium erst zu Leipzig, dann von 1525—1528 in Wittenberg akademisch gründlich vorgebildete Magister besaß weder den Ehrgeiz noch fand er bei seiner unermüdlichen praktischen Wirksamkeit als Lehrer und Seelsorger die Zeit, seine Gedanken und sein Wissen für Mit- und Nachwelt in umfangreichen Schriften niederzulegen. Seine Gabe und Aufgabe lag auf anderem Gebiete. Wenn er aber, statt thätig eingreifend auf ein bestimmtes Ziel loszugehen, stets nur abwartete, bis er an einen Wirkungsort gestellt und berufen wurde, so bedeutet das bei ihm so wenig einen Mangel an innerer Energie oder gar an Mannesmut, daß sein Name vielmehr eine Stelle unter denen der treuesten evangelischen Bekenner einzunehmen verdient. Zählen wir nun aber aus den angeführten Gründen Winckel nicht zu den reformatorischen Größen nach dem gemein üblichen Maßstab, so haben ihm doch seine dankbaren Zeitgenossen ein so hohes Lob gespendet, daß man in unseren Tagen es wohl als übertrieben ansehen und ernüchtern zu müssen geglaubt hat. Ganz mit Unrecht, denn Winckel war bei all der von uns zugestandenen Einschränkung doch ein ganz außerordentlicher, seltener Mann, eine große religiös-sittliche Persönlichkeit. All sein Wissen und

Vermögen, die ganze Glut seiner Glaubensüberzeugung stellte er völlig selbstlos und mit liebender, freudiger Hingebung in den Dienst seiner Brüder. Ein feuriger Feind und Bekämpfer des Irrtums, war er doch nie ein Feind und Befehder der Irrenden. Die einzige Waffe, die er mutig schwang, war das blanke scharfe Schwert des Worts. Nur durch die Macht des Wortes suchte er andere zu gewinnen, im übrigen bezwang er sich selbst durch eine unsere Bewunderung erregende Demut und Bescheidenheit und außerordentliche Uneigennützigkeit. Zwar den Brüdern im Johannes=kloster gegenüber nimmt er das rechtmäßig ihm Zustehende so entschieden in Anspruch, daß er hier gerade deshalb und weil er es an weltkluger Anpassung und Berechnung fehlen ließ, nicht zum Ziele gelangte. Als aber der Rat zu Hannover ihm eine ansehnliche Verehrung anbietet, schlägt er diese, obwohl wir wissen, daß er des Geldes bedürftig war, aus, um nicht den Anschein zu gewinnen, als habe er Christi Evangelium um Lohn feil. Wie er durch solche Un=eigennützigkeit auf den dortigen Rat einen gewaltigen Eindruck macht, so ist es im grellen Gegensatz zu dem leidenschaftlichen Hüventhal die Macht seiner sittlichen Persönlichkeit, seiner mit Milde und Menschenfreundlichkeit verbundenen Würde, die seinem Worte einen überraschenden Erfolg bei den Göttingern bereitet, so daß er bald durch diese Eigenschaften die Kreise gewinnt, die um des Anstoßes willen, den sie an jenem ganz anders gearteten Manne genommen, sich bisher von der Reformation fern gehalten hatten.

Seine Bescheidenheit und Demut machten ihn zu einem so wirksamen und gesegneten Werkzeuge der Reformation. Denn durch diese Tugenden gelingt es ihm, nur seinem großen Werke lebend, nicht nur einer Persönlichkeit wie Bugenhagen gegenüber, sondern auch neben und unter Görlitz ohne jede Spur von Empfindlichkeit und in ungetrübter Liebe und Eintracht mit dem=selben das gemeinsame Werk zu treiben, dadurch jeden Anstoß zu vermeiden und den Gemeinden ein leuchtendes Beispiel echt christ=licher Selbstverleugnung zu geben.

Sodann hängt es mit dieser demütigen Art seines Wesens zu=sammen, daß er, lediglich die mit der Vollkraft innigster Ueberzeugung ergriffenen Grundgedanken der Reformation bekennend und predigend, in Lehre und Brauch von jeder Eigenheit absah und nur darauf bedacht war, in allem Wesentlichen Einheit in Brauch und Lehre zu fördern, und zwar so, daß er der evangelischen Wahrheit in der Lehre die äußeren Formen durchaus unterordnet. Welche Bedeutung mußte es doch für das niedersächsische Reformationswerk haben, daß die lautere und selbstlose, allgemein geliebte und verehrte Persönlichkeit Winckels ein lebendiges Einheitsband zwischen den Kirchen von Halberstadt, Braunschweig, Göttingen, Hannover, Hildesheim, selbst dem Lippisch=Westfälischen Lemgo schlang und darstellte. Aus der Hand eines solchen Mannes nahm man um so lieber die einheitliche Form auch in den äußeren Kirchenordnungen an, für die er kräftig wirkte, so viel auch bei der schriftlichen Ausarbeitung der einzelnen Ordnungen von seinen Mitarbeitern geschehen sein mag.

Mit seiner Bescheidenheit und Demut hing auch zusammen, daß er sich durch sein reiches Wissen nicht verleiten ließ, mit Gelehrsamkeit zu prunken, daß ihm vielmehr ausdrücklich eine schlichte, gewinnende Predigtweise nachgerühmt wird. Dazu stimmt auch das ihm seit alter Zeit zugeschriebene Katechismuslied „dorch de Predicanten tho Brunswick": „Nu lath uns Christen froelik syn", das nicht den Anspruch erhebt eine dichterische Leistung zu sein, vielmehr bloß die Kernlehren der Reformation für den gemeinen Mann zum besseren Behalten so schlicht als möglich in Reimen und Strophen zusammenfassen will.[7])

Auch bei der Begründung eines eigenen Hausstandes haben wir eine Rücksichtnahme Winckels auf sein Kirchenamt zu vermuten. Wie wir wissen, war er schon im Kloster grundsätzlicher Gegner der erzwungenen Ehelosigkeit der Mönche und Priester. Wenn daraus die Mönche schlossen, ihn verlange das Kloster zu verlassen, um alsbald ein Weib zu nehmen, so bewies er, wie sehr sie sich darin geirrt hatten. Erst ziemlich spät scheint er in den Ehestand getreten zu sein. Daß er dabei dann wirklich Amt und Bekenntnis im Auge hatte, dürfen wir daraus schließen, daß Hamelmann ausdrücklich berichtet, er und Görlitz hätten dem Prediger Piderit zu Lemgo den Rat gegeben, sich zu verehelichen, wie es denn auch geschah.

Ein hohes Lebensalter zu erreichen war dem in selbstloser Hingebung sich seinem Berufe widmenden Manne nicht vergönnt. Achtundfünfzigjährig ging er im Jahre 1551 zu seiner Ruhe ein,

„von seinem obersten Feldherrn nach treuer vieljähriger Ritterschaft von seinem Posten abgerufen." Matthias Berg, ein urteilsfähiger Mann, der die würdige Erscheinung Winckels noch selbst kennen gelernt und einen Ueberblick über die Früchte seiner Wirksamkeit gewonnen hatte, sagt, daß er sich um Braunschweig ein unsterbliches Verdienst erworben und bei seinem Dahinscheiden bei allen Frommen eine schmerzliche Sehnsucht hinterlassen habe. Wie er, so rühmen ganz allgemein die Zeitgenossen, die seiner Predigt lauschten und von seiner Person und seinem Wesen einen unmittelbaren Eindruck zu gewinnen in der Lage waren, seine echten Christentugenden. Wenn dann in späterer Zeit wenig von ihm die Rede war, so liegt das doch gewiß zum Teil daran, daß seine Verdienste und Tugenden solche waren, die nicht mit den gewöhnlichen Strahlen menschlichen Ruhmes sich bemerkbar machen. Im Sinne seines demütigen Wesens ist das nicht sonderlich zu beklagen. Wenn ihm aber am Ziele seines irdischen Lebens irgend etwas eine beseligende Freude machen konnte und mußte, so war es die Beobachtung, daß zu der Zeit, in der er aus der Zeitlichkeit schied, fast aller Enden in deutschen Landen die Reformation siegreich durchgeführt war und daß in der Braunschweigischen Kirche und denen, die nach ihrem Vorbild und mit ihrer Hülfe in Niedersachsen entstanden waren, in allem Wesentlichen vollkommene Einheit in Lehre und Brauch herrschte. Und wenn ein dankbarer Sohn Braunschweigs, der eben erwähnte Matthias Berg, dem Mag. Winckel um die Kirche seiner Vaterstadt ein unsterbliches Verdienst beimißt, so gilt dies auch ganz besonders hinsichtlich der von ihm so wesentlich geförderten inneren Einheit dieser und der anderen evangelischen Kirchen Niedersachsens, an denen er gewirkt hatte.[8])

Anmerkungen.

Die Person und Wirksamkeit Heinrich Winckels hat in den letzten Jahrzehnten mannigfach Beachtung gefunden. Abgesehen von verschiedenen Aufsätzen, Einleitungen und Vorträgen Hänselmanns und Uhlhorns zur Reformationsgeschichte von Braunschweig und Hannover sind hier Einzelschriften über die Reformation an fast all den Orten zu erwähnen, an welchen W. thätig war: von K. Kayser über die Einführung der Reformation in Hildesheim (1883), von Wilh. Langenbeck, Gesch. der Reform. des Stifts Halberstadt (Gött. 1886), Georg Erdmann, Gesch. der Reform. in der St. Göttingen (1888), Waldem. Bahrdt, Gesch. der Reform. der St. Hannover (1891). Da nun aber die gesamte auf ein Ziel gerichtete Lebensarbeit des niedersächsischen Reformators bisher an keiner Stelle betrachtet wurde, so machten wir den Versuch, dies in einer größeren Arbeit zu thun, auf welcher die vorliegende im Wesentlichen nur als ein Auszug fußt. Dabei ergab sich denn, daß fast aller Orten noch unbenutzter Quellenstoff zu verarbeiten war, freilich nicht überall in gleichem Maße. Zu unserm Bedauern fand sich, daß im Stadtarchiv zu Braunschweig, dem Orte, wo W. weitaus am längsten wirkte, die gleichzeitigen Akten und Briefe gegenwärtig sämtlich nicht mehr vorhanden sind. Immerhin war es uns vergönnt, durch den im Stadtarchiv erhaltenen Catalogus ministrorum verbi in ecclesia Brunsvicensi, den mein verehrter Freund und Kollege Hänselmann mir in liebenswürdigster Weise zur Benutzung anvertraute, die abgeleiteten Nachrichten in Rehtmeyers verdienstvoller Braunschw. Kirchen-Historie und anderen abgeleiteten Schriften genauer auf ihren Ursprung zu prüfen. Für Göttingen gestattete die sorgfältige oben erwähnte neuere Schrift nur einzelne, bloß im Auszuge oder Regest mitgeteilte Schriftstücke in ihrem ganzen Wortlaute zu benutzen. Bei Hannover war ein wichtiges Schreiben vom 19. Juni 1534 nachzutragen und durch berichtigte Tagzeichnung eines Schreibens vom Mont. nach Innoc. 1534 (1533) ein anderer Zusammenhang der Thatsachen aufzuweisen. Abgesehen von einer chronikalischen Mitteilung aus dem K. Staatsarchive zu Hannover wurden aber die wichtigsten neuen Quellen für Halberstadt und Hildesheim hier zum erstenmale benutzt. An ersterer Stelle sind in erster Reihe drei Schreiben Winckels vom 18. Dez. 1525 und 21. Febr. 1526, von denen das letztere als eine längere Abhandlung zu bezeichnen ist, und ein Schreiben des Rats vom 28. Mai des letzteren Jahres zu erwähnen. Für die Hildesheimer Reformation wurden die Aktenstücke Abt. C. XXXII. 24. 28. 31. 34 benutzt, wobei in erster Reihe die Berichte des Domdechanten v. Veltheim an Bischof Valentin in Betracht kommen. Es sei verstattet, auch bei diesem Auszuge der großen Liebenswürdigkeit zu gedenken, mit welcher die Magistrate und Archivvorstände zu Magdeburg, Braunschweig, Hannover, Hildesheim und Göttingen unsere Arbeit durch Zugänglichmachung der Quellen unterstützten.

1. 18. Dez. 1525: Hac causa a vestro exclusus sum collegio.

2. Im Jahre 1542 war zu Erfurt als die älteste Schrift dieser Art in den Welfischen Landen die Grubenhagensche Kirchenordnung der Herzogin Elisabeth in hoch= oder oberdeutscher Sprache erschienen. Da sich aber die Geistlichen wegen mangelnden Verständnisses dieser Sprache daraus nicht überall vernehmen konnten, so sah man sich veranlaßt, dieselbe zwei Jahre später als „Christlike Kerken=Ordeninge .. yn dem lössliken Förstendome Hertogen Ericks, mit einer Vorrede Ant. Corvini. Pattensen 1544" ins Niederdeutsche zu übersetzen. Diese Vorrede beginnt: „Nademmale sik dat meiste deel manck juw (= unter euch Pfarrern) so lange her beklaget, se können sik yn der Overlendischen sprake, in welkerer de uthgeghane förstliche Ordeninge gedrücket, nicht wol schicken unde darumme besülve lever yn Sassischer Sprake lesen wolden, so hebbe ich juw und juwen Parkindern tho gude mit dem Drücker Henningo Rudeno gehandelt, dat he de genöemede Ordeninge .. yn Sassischer Sprake noch einmal uppelecht unde gedrücket hat."*)

3. Vnderrichtung | ym Rechten Christliken | Gelouen vnde le= | uende, an de | Christen | tho | Hildesem. | Dorch Autorem | Sanderum. | M.DXXVIII. 4 Bogen, das letzte Blatt leer. Vgl. das. Eiii[b] und Dij[a]. Diij[a]. — W. Bahrdt, Gesch. der Reformation der Stadt Hannover, der von S. 56—59 sorgfältig Nachrichten über den merkwürdigen Mann zusammengestellt hat, erinnert auf der letzten Seite an die octo lustra, die Rudolf Moller in der Sander gewidmeten Grabschrift als dessen Lebensdauer angiebt und meint, er werde darnach um 1540 gestorben sein. Da aber weder das Geburts= noch das Todesjahr Sanders bekannt ist und Lucie von Anderten, die Tochter einer Altbürgerfamilie, die Sander als dritte Gattin heimführte, erst 1546 sich anderweitig mit Winckels treuem Amtsbruder Heinrich Lampe zu St. Magni in Braunschweig vermählte, so könnte A. Sander das Jahr 1542 wohl noch erlebt haben.

4. L. Hänselmann, Die Anfänge des Luthertums in der Stadt Braunschweig. Im Braunschweiger Tageblatt von 1886. Nr. 87 vom 21. Febr. 1886.

5. Vnderrichtung Bogen Aij[b] f.

6. Fritages na Viti martiris (19. Juni 1534), Hannover an den Superintendenten Nik. v. Amsdorf in Magdeburg.

7. Wenn Phil. Wackernagel, Das deutsche Kirchenlied 3. Bd. S. 737 f. Nr. 853 und bei der neuhochd. Uebersetzung des Liedes Nr. 1466 S. 1254

---

*) Ich verdanke die Hinweisung auf diese Vorrede des Ant. Corvinus Herrn Gymnasialdirektor a. D. D. Dr. Ebeling in Hannover.

(vgl. im Register) dieses, weil es im zweitältesten Drucke unter Gesängen steht, die als von Herm. Bonnus „corrigiert" bezeichnet werden, zu dessen Liedern stellt, so kann das doch kaum in der Absicht geschehen, es dem Bonnus als Verfasser zuzuweisen. Den Braunschweiger Ursprung bekundet ja schon sein erstes Auftauchen, und es hätte doch erwähnt werden sollen, daß das Lied schon im 16. Jahrh. Winckel zugeschrieben wurde.

s. M. Bergius Brunsvic. Carmin. evangelicor. libri duo. M.D.LXXIII in der Zueignung an Bürgerm. und Rat hebt diese Einigkeit und Einmütigkeit in der Lehre nachdrücklich hervor: Neque enim ab eo tempore, quo clangere hic coepit tuba illa evangelicae doctrinae, qui annus fuit a partu virginis 1528[vus], usque ad haec nostra tempora ulla labes doctrinae in hac ecclesia adhaesit, sed summa fuit omnium ordinum in doctrina et professione veritatis consensio. Er gedenkt dann besonders der Verdienste Winckels, den er als unus ex iis, quibus haec ecclesia immortalem gratiam debet ob propagatam apud nos veritatis lucem bezeichnet und ihn an der Spitze der lumina ecclesiae (sc. Brunsvicensis) nennt. A. a. O. Bl. 3b —4a.

Inhalt.

	Seite
Einleitende Bemerkung	1— 2
1. Winckel in Halberstadt	2—13
2. Braunschweig	13—18
3. Göttingen	18—21
4. Hannover	21—28
5. Hildesheim	28—41
6. Allgemeine Züge der Kirchenreformation in Niedersachsen und Winckels Bedeutung für dieselbe	41—51
Anmerkungen	52—54

25. **Wrede, Ad.**, Ernst der Bekenner, Herzog von Braunschweig u. Lüneburg
26. **Kawerau, Waldemar**, Hans Sachs und die Reformation.
27. **Baumgarten, Hermann**, Karl V. und die deutsche Reformation.
28. **Lechler, D. Gotth. Viktor**, Johannes Hus. Ein Lebensbild aus der Vorgeschichte der Reformation.
29. **Gurlitt, Cornelius**, Kunst und Künstler am Vorabend der Reformation. Ein Bild aus dem Erzgebirge.
30. **Kawerau, Wald.**, Thomas Murner und die Kirche des Mittelalters.
31. **Walther, Wilh.**, Luthers Beruf. (Luther im neuesten römischen Gericht, 3. Heft.)
32. **Kawerau, Waldemar**, Thomas Murner und die deutsche Reformation.
33. **Tschackert, Paul**, Paul Speratus von Rötlen, evangelischer Bischof von Pomesanien in Marienwerder.
34. **Konrad, P., Dr.** Ambrosius Moibanus. Ein Beitrag zur Geschichte der Kirche und Schule Schlesiens im Reformationszeitalter.
35. **Walther, Wilh.**, Luthers Glaubensgewißheit.
36. **Freih. v. Wintzingeroda-Knorr, Levin**, Die Kämpfe u. Leiden der Evangelischen auf dem Eichsfelde während dreier Jahrhunderte. Heft I: Reformation und Gegenreformation bis zu dem Tode des Kurfürsten Daniel von Mainz (21. März 1582).
37. **Uhlhorn, D. G.**, Antonius Corvinus, Ein Märtyrer des evangelisch-lutherischen Bekenntnisses. Vortrag, gehalten auf der Generalversammlung des Vereins für Reformationsgeschichte am Mittwoch nach Ostern, 20. April 1892.
38. **Drews, Paul**, Petrus Canisius, der erste deutsche Jesuit.
39. **Kawerau, Waldemar**, Die Reformation und die Ehe. Ein Beitrag zur Kulturgeschichte des sechzehnten Jahrhunderts.
40. **Preger, Dr. Konrad**, Pankraz von Freyberg auf Hohenaschau, ein bairischer Edelmann aus der Reformationszeit.
41. **Ullmann, Heinrich**, Das Leben des deutschen Volks bei Beginn der Neuzeit.
42. **Freih. v. Wintzingeroda-Knorr, Levin**, Die Kämpfe u. Leiden der Evangelischen auf dem Eichsfelde während dreier Jahrhunderte. Heft II: Die Vollendung der Gegenreformation und die Behandlung der Evangelischen seit der Beendigung des dreißigjährigen Krieges.
43/44. **Schott, Dr. Theodor**, Die Kirche der Wüste. 1715—1787. Das Wiederaufleben des französischen Protestantismus im achtzehnten Jahrhundert.
45. **Tschackert, D. Paul**, Herzog Albrecht von Preußen als reformatorische Persönlichkeit.
46/47. **Bossert, Dr. Gustav**, Das Interim in Württemberg.
48. **Sperl, August**, Pfalzgraf Philipp von Neuburg, sein Sohn Wolfgang Wilhelm und die Jesuiten. Ein Bild aus dem Zeitalter der Gegenreformation.
49. **Lenz, Dr. Max**, Geschichtsschreibung und Geschichtsauffassung im Elsaß zur Zeit der Reformation.
50. **Götzinger, Ernst**, Joachim Vadian, der Reformator und Geschichtschreiber von St. Gallen.
51/52. **Jakobi, Franz**, Das Thorner Blutgericht. 1724.

Verzeichnis der Schriften für das deutsche Volk.

1. Georg Rietschel, Luther und sein Haus.
2. Heinrich Rinn, Die Entstehung der Augsburgischen Konfession.
3. Gottlieb Linder, Die Reformationsgeschichte einer Dorfgemeinde.
4. Adolf Henschel, Valerius Herberger.
5. Otto Nasemann, Friedrich der Weise, Kurfürst von Sachsen.
6. P. Gennrich, Das Evangelium in Deutschösterreich und die Gegenreformation (1576—1630).
7. Julius Schall, Ulrich von Hutten. Ein Lebensbild aus der Zeit der Reformation.
8. Fritz Baumgarten, Wie Wertheim evangelisch wurde.
9. H. Meinhof, Dr. Pommer Bugenhagen und sein Wirken. Dem deutschen Volke dargestellt.
10. Adolf Henschel, Johannes Laski, der Reformator der Polen.
11. Franz Blanckmeister, Dresdner Reformationsbüchlein.
12. Georg Rietschel, Luthers seliger Heimgang.
13. Julius Ney, Die Protestation der evangelischen Stände auf dem Reichstage zu Speier 1529.
14. A. Kurs, Elisabeth, Herzogin von Braunschweig-Calenberg, geborene Prinzessin von Brandenburg.
15/16. Julius Köstlin, Die Glaubensartikel der Augsburger Confessiuo erläutert.
17. Friedrich Hülße, Die Stadt Magdeburg im Kampfe für den Protestantismus während der Jahre 1547—1551.
18. K. Schmidt, Das heilige Blut von Sternberg.
19. A. Splittgerber, Kampf und Sieg des Evangeliums im Kreise Schwiebus.
20. Adolf Henschel, Petrus Paulus Vergerius.
21. Heinrich Rinn, Luther, ein Mann nach dem Herzen Gottes.
22. W. Höhn, Kurze Geschichte der Kirchenreformation in der gefürsteten Grafschaft Henneberg.
23. R. Foß, Lebensbilder aus dem Zeitalter der Reformation.
24. Julius Schall, Doktor Jakob Reihing, einst Jesuit, dann (Konvertit) evangelischer Christ, 1579—1628.
25. Th. Förster, Luthers Wartburgsjahr. 1521—1522.
26. Fr. Baumgarten, Der wilde Graf (Wilhelm von Fürstenberg) und die Reformation im Kinzigthal.
27. Karl Fr. Stark, Die Reformation im unteren Allgäu: in Memmingen und dessen Umgebung.
28. Otto Albrecht, Die evangelische Gemeinde Miltenberg und ihr erster Prediger.

Wie die größern Vereinspublikationen so werden auch diese Volksschriften, je ein Stück franko, nach dem Erscheinen den Vereinsmitgliedern zugesandt. Um sie indessen auch andern Kreisen nahezubringen, ist die Einrichtung getroffen worden, daß unser Schatzmeister, Herr Buchhändler Dr. Max Niemeyer in Halle a. S., Particen von 10 Stück nach beliebiger Wahl für **1 Mark** franko liefert. Der Vorstand ersucht deshalb die Mitglieder um recht zahlreiche Nachbestellungen und Verteilung der Hefte, wo immer Teilnahme für die Aufgaben des Vereins sich wahrnehmen oder erwecken läßt.

Der Vorstand.